書名：姚氏地理辨正圖說 附 地理九星并挨星真訣全圖 秘傳河圖精義等數種合刊
副題：心一堂術數珍本古籍叢刊 堪輿類

作者：[清]姚文田等
主編、責任編輯：陳劍聰
心一堂術數珍本古籍叢刊編校小組：陳劍聰 素聞 梁松盛 鄒偉才 虛白盧主

出版：心一堂有限公司
出版社地址：香港九龍尖沙咀東麼地道六十三號好時中心LG 六十一
門市：香港九龍尖沙咀東麼地道六十三號好時中心LG 六十一
電話號碼：(852)2781-3722
傳真號碼：(852)2214-8777
網址：http://www.sunyata.cc
電郵：sunyatabook@gmail.com
心一堂術數珍本古籍叢刊網上論壇 http://bbs.sunyata.cc/

版次：二零一零年十二月再版
平裝

港幣 一百六十八元正
定價：人民幣 一百六十八元正
新台幣 六百七十五元正

國際書號：ISBN 9789888058471

香港及海外發行：利源書報社
地址：香港新界荃灣德士古道220-248號荃灣工業中心1609-1616室
電話號碼：(852)2381-8251
傳真號碼：(852)2397-1519

台灣發行：秀威資訊科技股份有限公司
地址：台灣台北市內湖區瑞光路七十六巷六十五號一樓
電話號碼：(886)2796-3638
傳真號碼：(886)2796-1377
網路書店：www.govbooks.com.tw
經銷：易可數位行銷股份有限公司
地址：新北市新店區中正路542之3號4樓
電話號碼：(886)82191500
傳真號碼：(886)82193383
網址：http://ecorebooks.pixnet.net/blog

中國大陸發行・零售：心一堂書店
深圳地址：中國深圳羅湖立新路六號東門博雅負一層零零八號
電話號碼：(86)0755-82224934
北京地址：中國北京東城區雍和宮大街四十號
心一堂網上書店：http://book.sunyata.cc

心一堂術數古籍珍本叢刊 總序

術數定義

術數，大概可謂以「推算、推演人（個人、群體、國家等）、事、物、自然現象、時間、空間方位等規律及氣數，並或通過種種『方術』，從而達致趨吉避凶或某種特定目的」之知識體系和方法。

術數類別

我國術數的內容類別，歷代不盡相同，例如《漢書・藝文志》中載，漢代術數有六類：天文、曆譜、無行、蓍龜、雜占、形法。至清代《四庫全書》，術數類則有：數學、占候、相宅相墓、占卜、命書、相書、陰陽五行、雜技術等，其他如《後漢書・方術部》、《藝文類聚・方術部》、《太平御覽・方術部》等，對於術數的分類，皆有差異。古代多把天文、曆譜、及部份數學均歸入術數類，而民間流行亦視傳統醫學作為術數的一環；此外，有些術數與宗教中的方術亦往往難以分開。現代學界則常將各種術數歸納為五大類別：命、卜、相、醫、山，通稱「五術」。

本叢刊在《四庫全書》的分類基礎上，將術數分為九大類別：占筮、星命、相術、堪輿、選擇、三式、讖緯、理數（陰陽五行）、雜術。而未收天文、曆譜、算術、宗教方術、醫學。

術數思想與發展——從術到學，乃至合道

我國術數是由上古的占星、卜著、形法等術發展下來的。其中卜著之術，是歷經夏商周三代而通過「龜卜、蓍筮」得出卜（卦）辭的一種預測（吉凶成敗）術，之後歸納並結集成書，此即現傳之《易經》。經過春

秋戰國至秦漢之際，受到當時諸子百家的影響、儒家的推崇，遂有《易傳》等的出現，原本是卜著術書的《易經》，被提升及解讀成有包涵「天地之道（理）」之學。因此，《易・繫辭傳》曰：「易與天地準，故能彌綸天地之道。」

漢代以後，易學中的陰陽學說，與五行、九宮、干支、氣運、災變、律曆、卦氣、讖緯、天人感應說等相結合，形成易學中象數系統。而其他原與《易經》本來沒有關係的術數，如占星、形法、選擇，亦漸漸以易理（象數學說）為依歸。《四庫全書・易類小序》云：「術數之興，多在秦漢以後。要其旨，不出乎陰陽五行，生尅制化。實皆《易》之支派，傅以雜說耳。」至此，術數可謂已由「術」發展成「學」。

及至宋代，術數理論與理學中的河圖洛書、太極圖、邵雍先天之學及皇極經世等學說給合，通過術數以演繹理學中「天地中有一太極，萬物中各有一太極」（《朱子語類》）的思想。術數理論不單已發展至十分成熟，而且也從其學理中衍生一些新的方法或理論，如《梅花易數》、《河洛理數》等。

在傳統上，術數功能往往不止於僅僅作為趨吉避凶的方術，及「能彌綸天地之道」的學問，亦有其「修心養性」的功能，「與道合一」（修道）的內涵。《素問・上古天真論》：「上古之人，其知道者，法於陰陽，和於術數。」數之意義，不單是外在的算數、歷數、氣數，而是與理學中同等的「道」、「理」—心性的功能，北宋理氣家邵雍對此多有發揮：「聖人之心，是亦數也」、「萬化萬事生乎心」、「心為太極」。《觀物外篇》：「先天之學，心法也。……蓋天地萬物之理，盡在其中矣，心一而不分，則能應萬物。」反過來說，宋代的術數理論，受到當時理學、佛道及宋易影響，認為心性本質上是等同天地之太極。天地萬物氣數規律，能通過內觀自心而有所感知，即是內心也已具備有術數的推演及預測、感知能力；相傳是邵雍所創之《梅花易數》，便是在這樣的背景下誕生。

《易・文言傳》已有「積善之家，必有餘慶；積不善之家，必有餘殃」之說，至漢代流行的災變說及讖緯說，我國數千年來都認為天災，異常天象（自然現象），皆與一國或一地的施政者失德有關；下至家族、個人之盛衰，也都與一族一人之德行修養有關。因此，我國術數中除了吉凶盛衰理數之外，人心的德行修養，也是趨吉避凶的一個關鍵因素。

術數與宗教、修道

在這種思想之下，我國術數不單只是附屬於巫術或宗教行為的方術，又往往已是一種宗教的修煉手段——通過術數，以知陰陽，乃至合陰陽（道）。「其知道者，法於陰陽，和於術數。」例如，「奇門遁甲」術中，即分為「術奇門」與「法奇門」兩大類。「法奇門」中有大量道教中符籙、手印、存想、內煉的內容，是道教內丹外法的一種重要外法修煉體系。甚至在雷法一系的修煉上，亦大量應用了術數內容。此外，相術、堪輿術中也有修煉望氣色的方法；堪輿家除了選擇陰陽宅之吉凶外，也有道教中選擇適合修道環境（法、財、侶、地中的地）的方法，以至通過堪輿術觀察天地山川陰陽之氣，亦成為領悟陰陽金丹大道的一途。

易學體系以外的術數與的少數民族的術數

我國術數中，也有不用或不全用易理作為其理論依據的，如楊雄的《太玄》、司馬光的《潛虛》。也有一些占卜法、雜術不屬於《易經》系統，不過對後世影響較少而已。

外來宗教及少數民族中也有不少雖受漢文化影響（如陰陽、五行、二十八宿等學說）但仍自成系統的術數，如古代的西夏、突厥、吐魯番等占卜及星占術，藏族中有多種藏傳佛教占卜術、苯教占卜術、擇吉術、推命術、相術等；北方少數民族有薩滿教占卜術；不少少數民族如水族、白族、布朗族、佤族、彝族、苗族等，皆有占雞（卦）草卜、雞蛋卜等術，納西族的占星術、占卜術，彝族畢摩的推命術、占卜術…等等，都是屬於《易經》體系以外的術數。相對上，外國傳入的術數以及其理論，對我國術數影響更大。

曆法、推步術與外來術數的影響

我國的術數與曆法的關係非常緊密。早期的術數中，很多是利用星宿或星宿組合的位置（如某星在某州或某宮某度）付予某種吉凶意義，并據之以推演，例如歲星（木星）、月將（某月太陽所躔之宮次）等。不過，由於不同的古代曆法推步的誤差及歲差的問題，若干年後，其術數所用之星辰的位置，已與真實星辰的位置不一樣了；此如歲星（木星），早期的曆法及術數以十二年為一周期（以應地支），與木星真實周期十一點八六年，每幾十年便錯一宮。後來術家又設一「太歲」的假想星體來解決，是歲星運行的相反，週期亦剛好是十二年。而術數中的神煞，很多即是根據太歲的位置而定。又如六壬術中的「月將」，原是立春節氣後太陽躔娵訾之次而稱作「登明亥將」，至宋代，因歲差的關係，要到雨水節氣後太陽才躔娵訾之次，當時沈括提出了修正，但明清時六壬術中「月將」仍然沿用宋代沈括修正的起法沒有再修正。

由於以真實星象周期的推步術是非常繁複，而且古代星象推步術本身亦有不少誤差，大多數術數除依曆書保留了太陽（節氣）、太陰（月相）的簡單宮次計算外，漸漸形成根據干支、日月等的各自起例，以起出其他具有不同含義的眾多假想星象及神煞系統。唐宋以後，我國絕大部份術數都主要沿用這一系統，也出現了不少完全脫離真實星象的術數，如《子平術》、《紫微斗數》、《鐵版神數》等。後來就連一些利用真實星辰位置的術數，如《七政四餘術》及選擇法中的《天星選擇》，也已與假想星象及神煞混合而使用了。

隨着古代外國曆（推步）、術數的傳入，如唐代傳入的印度曆法及術數，元代傳入的回回曆等，其中我國占星術便吸收了印度占星術中羅睺星、計都星等而形成四餘星，又通過阿拉伯占星術而吸收了其中來自希臘、巴比倫占星術的黃道十二宮、四元素學說（地、水、火、風），並與我國傳統的二十八宿、五行說、神煞系統並存而形成《七政四餘術》。此外，一些術數中的北斗星名，不用我國傳統的星名：天樞、天璿、天璣、天權、玉衡、開陽、搖光，而是使用來自印度梵文所譯的：貪狼、巨門、祿存、文曲，廉貞、武曲、破軍等，此明顯是受到唐代從印度傳入的曆法及占星術所影響。如星命術的《紫微斗數》及堪輿術的《撼龍經》等文獻中，其星皆用印度譯名。及至清初《時憲曆》，置潤之法則改用西法「定氣」。清代以後的術數，又作過不少的調整。

術數在古代社會及外國的影響

術數在古代社會中一直扮演着一個非常重要的角色，影響層面不單只是某一階層、某一職業、某一年齡的人，而是上自帝王，下至普通百姓，從出生到死亡，不論是生活上的小事如洗髮、出行等，大事如建房、入伙、出兵等，從個人、家族以至國家，從天文、氣象、地理到人事、軍事，從民俗、學術到宗教，都離不開術數的應用。如古代政府的中欽天監（司天監），除了負責天文、曆法、輿地之外，亦精通其他如星占、選擇、堪輿等術數，除在皇室人員及朝庭中應用外，也定期頒行日書、修定術數，使民間對於天文、日曆用事吉凶及使用其他術數時，有所依從。

在古代，我國的漢族術數，甚至影響遍及西夏、突厥、吐蕃、阿拉伯、印度、東南亞諸國、朝鮮、日本、越南等地，其中朝鮮、日本、越南等國，一至到了民國時期，仍然沿用着我國的多種術數。

術數研究

術數在我國古代社會雖然影響深遠，「是傳統中國理念中的一門科學，從傳統的陰陽、五行、九宮、八卦、河圖、洛書等觀念作大自然的研究。……傳統中國的天文學、數學、煉丹術等，要到上世紀中葉始受世界學者肯定。可是，術數還未受到應得的注意。術數在傳統中國科技史、思想史，文化史、社會史，甚至軍事史都有一定的影響。……更進一步了解術數，我們將更能了解中國歷史的全貌。」（何丙郁《術數、天文

與醫學 中國科技史的新視野》，香港城市大學中國文化中心。）

可是術數至今一直不受正統學界所重視，加上術家藏秘自珍，又揚言天機不可洩漏，「（術數）乃吾國科學與哲學融貫而成一種學說，數千年來傳衍嬗變，或隱或現，全賴一二有心人為之繼續維繫，賴以不絕，其中確有學術上研究之價值，非徒癡人說夢，荒誕不經之謂也。其所以至今不能在科學中成立一種地位者，實有數困。蓋古代士大夫階級目醫卜星相為九流之學，多恥道之；而發明諸大師又故為惝恍迷離之辭，以待後人探索；間有一二賢者有所發明，亦秘莫如深，既恐洩天地之秘，複恐譏為旁門左道，始終不肯公開研究，成立一有系統說明之書籍，貽之後世。故居今日而欲研究此種學術，實一極困難之事。」（民國徐樂吾《子平真詮評註》，方重審序）

現存的術數古籍，除極少數是唐、宋、元的版本外，絕大多數是明、清兩代的版本。其內容也主要是明、清兩代流行的術數，唐宋以前的術數及其書籍，大部份均已失傳，只能從史料記載、出土文獻、敦煌遺書中稍窺一鱗半爪。

術數版本

坊間術數古籍版本，大多是晚清書坊之翻刻本及民國書賈之重排本，其中豕亥魚魯，或而任意增刪，往往文意全非，以至不能卒讀。現今不論是術數愛好者，還是民俗、史學、社會、文化、版本等學術研究者，要想得一常見術數書籍的善本、原版，已經非常困難，更遑論稿本、鈔本、孤本。在文獻不足及缺乏善本的情況下，要想對術數的源流、理法、及其影響，作全面深入的研究，幾不可能。

有見及此，本叢刊編校小組經多年努力及多方協助，在中國、韓國、日本等地區搜羅了一九四九年以前漢文為主的術數類善本、珍本、鈔本、孤本、稿本、批校本等千餘種，精選出其中最佳版本，以最新數碼技術清理、修復版面，更正明顯的錯訛，部份善本更以原色精印，務求更勝原本，以饗讀者。不過，限於編校小組的水平，版本選擇及考證、文字修正、提要內容等方面，恐有疏漏及舛誤之處，懇請方家不吝指正。

心一堂術數古籍珍本叢刊編校小組

二零零九年七月

《姚氏地理辨正圖說》附《地理九星并挨星真訣全圖》《秘傳河圖精義》等數種合刊提要

《姚氏地理辨正圖說》，（清）歸安姚文田撰。不分卷。線裝。鈔本，未刊稿。

書端原題《地理辨正圖說》，因與較通行（清）徐迪惠著的《地理辨正圖說》（心一堂術數珍本古籍叢刊即將整理出版）同名，故改。

姚文田（一七五八–一八二七），原名加畬，字秋農，號經田氏，亦號梅漪老人，室名吉華館。浙江省歸安（今湖州市）人。嘉慶四年（一七九九）己未科進士，以一甲一名狀元及第，授職翰林院修撰。充國史館、唐文館纂修。累官祭酒、詹事、內閣學士，戶、禮、兵諸部侍郎，左都御史，終禮部尚書。道光七年（一八二七）歿，享年七十。謚文僖。

姚氏曾上疏建議勸課農桑，免株連，上下相愛，得嘉慶帝嘉納；又上疏請禁漕務浮收，裁革運丁陋規，切中時弊，均被採納。工詩文詞，善畫山水、墨梅，有金石氣，亦工篆刻。工書法，尤精隸書，與桂馥齊名。

姚氏論學尊宋儒，所著書則宗漢學。深受阮元影響，又曾同嚴可均一起研究《說文》，所著《邃雅堂學古錄》、《說文聲系》、《說文考異》諸書，為學林所重。其餘尚有《易原》一卷、《廣陵事略》七卷、《詩文集》十卷。姚氏兼諳天文占驗曆算之學，著有《顓頊曆術》、《春秋經傳朔閏表》二卷等。林清之變未起，彗星入紫微垣；道光初年，彗星又見南斗下，主外夷兵事，姚氏皆曾先事言之。博綜群籍，旁及堪輿、五行、雜占、醫經，著書亦若干種。有署名梅漪老人之《陽宅闢謬》一卷、《疑龍撼龍經註》二卷、《相宅》一卷，及未刊《姚氏地理辨正圖說》稿本。

《姚氏地理辨正圖說》應為姚氏晚年著述，並未曾刊刻，只以寫本傳鈔。全書只以二十一圖演釋清初地師蔣大鴻之《地理辨正》奧旨，言簡意賅，內多訣法。點明河圖順行相生為體，洛書逆行相剋為用。以大五行生旺四水四卦立局，三元九星流轉審氣，八宮催吉，三卦兼元等說，凡此皆為闡發蔣公三元法之要義。

基以姚氏未報師承，故今日已無從詳考。但由其推重蔣公《地理辨正》，並為撰圖說以作點睛，亦步亦趨，則可旁證姚氏應屬蔣公一脈傳人，本書亦可視為開啟《地理辨正》隱義之鑰匙。

此鈔本除首錄姚氏《姚氏地理辨正圖說》外，尚有幾份不同體系之玄空資料附後，合鈔而成一本。唯鈔者不知是誰？據其後《杭垣地鈐圖》（因體系不同，今重刊時已刪略此部份）有「道光（二十年）庚子日何岐園選」之題記，可證此鈔本最遲在道光二十年（一八四〇）已然集成，是目前較早期玄空稿本稀見資料之一。

今於附鈔資料中，特為選印而屬稀見者有：

（一）無極子《玄空祕旨》（河圖蠡測三章）。

（二）郭景純《洞靈葬經》。

（三）《天心正運圖》、《先天後天河圖洛書老少陰陽總圖》、《洛書三元九九圖》等圖。

（四）《地理九星并挨星真訣全圖》，以正反「卍字」定例釋玄空大卦挨星，即首見此鈔，此與嘉慶七年（一八〇二）曾懷玉《元空法鑑》所述之湖北蓮池先生心法或有淵源。（屬於蓮池心法一系如曾懷玉《元空法鑑》及曾氏批記的《蔣徒傳天玉經補注》，心一堂術數珍本古籍叢刊即將整理出版）

（五）《秘傳河圖精義》，題為唐卧雲著、孫也山註，乃〈河圖蠡測三章〉之異本。傳世玄空文獻中以二元八運之陽九陰六爻配年運法，此鈔即是最早之一，此與同治十三年（一八七四）劉杰於《地理小補》所述之玄空六法亦或有淵源。

以上皆為稀見之玄空資料，藉之可以略窺於蔣公《地理辨正》刊刻後、玄空六大派成立前，當時玄空法訣流傳之演變訊息。

另外，此集鈔本尚摘錄有《杭垣地鈐圖》、《天星選擇》、張心言《地理辨正疏》卷首之玄空大卦圖例等資料，今皆從略。

為令此稀見鈔本不致湮沒，特以最新數碼技術清理、修復版面精印，一以作玄空法訣資料保存，一以供同道中人參考研究。

地理辨正圖說

歸安姚加畬經田氏著

叙

辨正一書、地理之矩矱盡矣、然非經指授、則奧語難明、今特演氏圖例、并釋其旨於後、若首三圖、揭地理之原、次十七圖、闡形家之要、最後一圖、則奉聖以為法則也、

河圖合先天圖

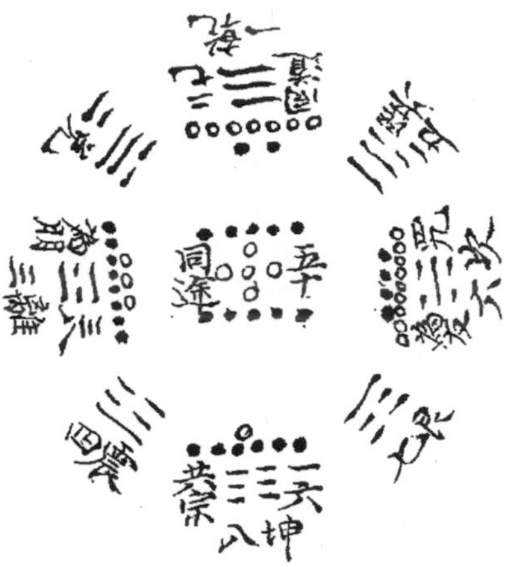

河圖順行相生為數之體

粤昔虙犧氏御天。觀文察理。於是八卦興焉。則卦者。乃天地法象所自形。而地理用之。乃因顯以闡幽。非談空而說渺也。清寧闢闔陰陽互見。是以河圖一六居下。有一即有六也。二七居上。有二即有七也。三八居左。有三即有八也。四九居右。有四即有九也。五十居中。有五即有十也。先天三陽在南。三陰在北。有乾必有坤也。一陽生於東北。一陰生於西南。有震即有巽也。二陽生於東方。二陰生於西方。有離必有坎也。二陽盛於東南。二陰盛於西北。有兌必有艮也。生成相當。奇耦作配。知此而陰陽之體盡矣。

洛書逆行相剋為數之用

洛書合後天圖

凡物必有體用由體立凡物必有用體以用神故有先天即有後天此亦造化之至理也特聖人能言之耳帝出乎震成言乎艮此八卦之流行也一始於北九終於南此九宮之流行也與時偕行成功則退知此而陰陽之用彰矣

六十四卦方圓圖位

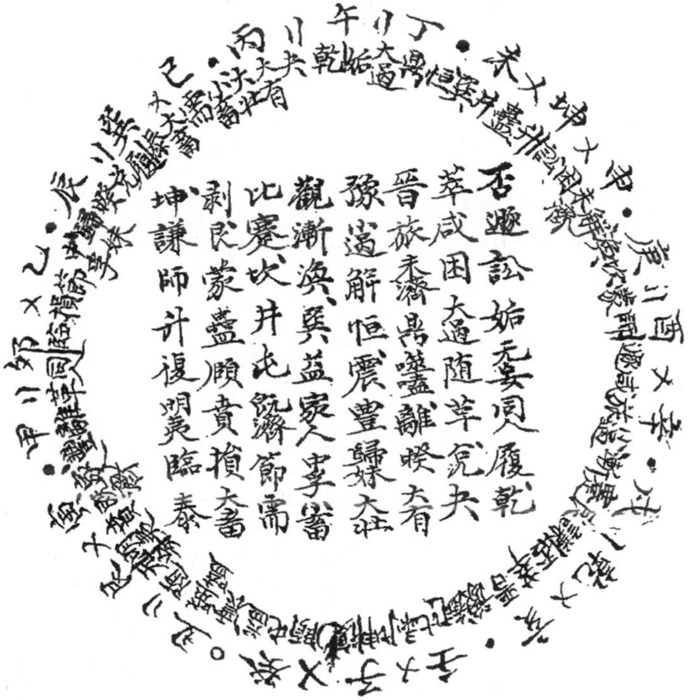

邵子所傳六十四卦方圓圖。斯則體用兼為者。圓圖純乾在南純坤在北。其序次則先天也。陽自復而至乾。陰自姤而遞坤。其升降則後天也。至於陽卦包陰。陰卦包陽。文象既成。顯相對待。而後先相資之妙見矣。方圖天一居下。地二居上。位坤於南。位乾於北。其方位則河圖也。雷以動之。風以散之。卦由中起。氣乃分行。其建極則洛書也。至於乾坤奠維。否泰成象。方隅不動。氣實交通。而河洛相資之妙又見矣。

順逆四十八局圖

夫復始殊途。八八田之定位也。蒙合卦六六於以分宮。則是順逆兩局之所自始也。獨陽必不能生。衆雌而又寡卵。是以銅山西崩。洛鐘東應。星榆春落。蘂麥秋生。闡天地之真機。一陰陽盡之。闢陰陽之閫奥。一往來盡之。故觀是圖。則天玉青囊所云天地父母。東西雌雄。曰大玄空。曰雙雙起。曰陽左轉。曰陰右通。曰北斗打劫。離宮相合。曰子癸至亥壬。午丁至巳丙。無不可通暢其義矣。邵子所謂圖雖無文。吾終日言之。而未嘗離乎是者也。

明了是太極為父母陰陽交會入中宮

順逆八卦圖

夫二多譽。五多功。剛柔皆期於得正。乾為父。坤為母。奇耦必本所從生。況中一位。則左右不患出疆。若旁二神。則東西更多歧路。故必以父母為最旺之龍。亦必以父母為最清之氣也。出而不出。三交辨骨相之真。歧中有歧。八卦審交流之義。俗學執子午卯酉為剝龍。拘艮兌辛丁為劣脈。固已甚矣。烏能知乎。

九宮分運圖

至若兩儀甫闢八卦爰分。則方位肇自羲圖。而後世重施撓甲。將循卦氣。當準先天。故俗學以二十四山分十二宮者謬也。是卦乃天玉分卦之例。如子一宮為坎。則壬自左挨。癸自右注。皆為坎。所謂陽順詳陰逆輪也。子為貪。則壬自左挨。癸自右注。皆應貪。所謂陽星順輪陰星逆取也。言甲丙庚壬。而辰戌丑未之不借庫可知矣。言乙辛丁癸。而寅申巳亥之向中藏可知矣。

父母子息圖

卦既清矣。當求方審運。夫數經九變。儼列三爻。著必三揲。方成一畫。故分元布甲。有自來焉。其法分貪巨祿為上元一卦。星始於貪。故曰巨門從頭出。分破輔弼為下元一卦。運從於弼。故曰位位是破軍。文曲始旺於中元。交乾亥而終。故曰盡是武曲位。祿存亦屬上元。與坎癸為例。故曰貪狼一路行。至其錯舉之中。有條不紊。則流轉九星圖內詳之矣。

九運旺氣圖

運既分九。卦求合氣。夫陰陽相感。山澤為咸。故五行倒排。生氣必原於朱雀。萬物相通。地天成泰。故三陽最吉。休徵尤取於貪狼。水潤下。火炎上。濟之所以利貞也。水下就。天上行。訟之所以終凶也。

九運屬五行圖

斗氣以相尅為次。輔從魁。弼從杓。其妙用只一逆字已盡。可知執五行論生剋之謬。

若乃八卦辨方。九星定氣。方從地出。氣自天施。天動而迴旋。地靜而凝一。則審氣運當用星符。測房命斯循卦位。偽學徒執卦氣推五行。則九星將安施乎。貪木本屬震龍。來而氣必上接乎離。弼金實為兌虎。鎮而氣必下交乎坎。正所謂龍從火裡生。虎向水中出也。丹經之法竅。皇極之綱維。眉於是乎備矣。

大五行生旺圖

圖即辨偽歌所云四水四卦逐元輪也。知此分取則局真。局真而九星之關竅定矣。

或者乃執卦爻。推求尅制。夭少長同宗。豈鶩虞於推刃。魁杓並運。宮格闕於連珠。特九運遞有乘除。譬四時每相錯代。故若空卦例。以正運為催宮。以反吟為死絕。以過時為衰替。以後至為代興。隨運分收。以先天之象。而合洛書之數。一二三四四伍。則坤統三女而順行。九八七六四伍。則乾統三男而逆轉。分陰分陽。迭用剛柔。並不從八卦五行論生剋也。惟吉凶分隸宮居。則禍福須推氣到。如水運見土旺則為官。而衰則為煞。所謂官貴田庄之可致。罡劫吊煞位之能加。其克乃一。無定主耳。夫北一卦。先天為土。後天為水。若斗罡則又為木。他卦同此。若欲執宮氣求之。豈有得合待歟。

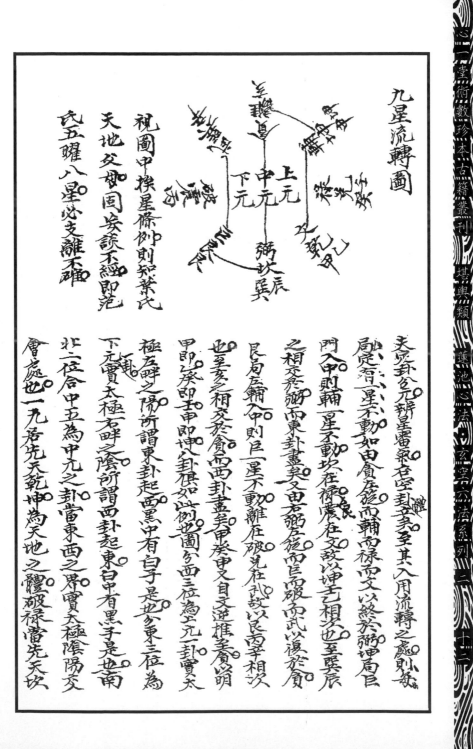

九星流轉圖

視圖中挨星條例，則知蔣氏天地交媾固妄誕不經，即范氏五曜八星必支離不確。

夫以卦分元，辨星審氣，在空卦之體矣。至其入用流轉之處，則每局旋有一星不動，如由貪左旋而輔而祿而文以終於弼，坤局巨門入中，則輔一星不動，坎在祿，震在文，故以坤壬乙相次也。至巽辰之相交於弼而東卦盡矣。又由右弼左旋而巨而破而武以復於貪，艮局左輔入中，則巨一星不動，離在破，兌在祿，故以艮丙辛相次也。至亥之相交於貪而西卦盡矣。甲癸申又自文逆推至貪以明甲即癸，癸即壬，申即坤，八卦俱如此例也。圖分西三位為上元，一卦實太極左畔之陽，所謂東卦起西，黑中有白子是也。分東三位為下元亂，實太極右畔之陰，所謂西卦起東，白中有黑子是也。南北二位合中五為中元之卦，當東西之界，實太極陰陽交會之處也。一九居先天乾坤，為天地之體，破祿當先天坎

五星山圖

以坎山爲例

離爲天地之用一經一緯其義無方法象出於自然豈人之所得而僞爲也哉

若分而圖之則其例有八夫明堂太心火象王者聽政之居北極中天司節候往來之柄則天心一卦非造化之樞乎一卦旣已入中八國由之易位所謂乾坤艮巽躔何位乙辛丁癸落何宮是也中五外寄於離真氣下交於坎所謂前頭走到五星山過着賓主相交接是也實則卦位皆屬借名特言心象當求變通耳

陰陽兩路圖

天玉以四維為陽。四正為陰。意在清卦。並不入用。故圖但依洛書奇耦分書之。

卦二十四山。分而為八。而正不可以少混也。是以天地定位。山澤通氣。此對待之陰陽。不可以旁隅言也。一六共宗。二七同道。此互見之奇耦。不可以毫厘乖也。五行皆以出位為嫌。二氣要以不襍為淨。由是言之。壬出子部。三爻辨左右之清純。子出丑尋。一語闢宮支之偽謬。導吾先路。意在斯乎。

八宮催吉圖

至天八卦相通。一以圖書為本。巽合兌、震合坤。則皆得洛書中宮之數。兌合艮。離合乾。則皆得洛書縱橫之數。若顛倒言之。則各得五數與十五數。又其坎運兼乾水者。一六共宗也。坤運兼兌水者。二七同道也。震運兼艮水者。三八為朋也。巽運兼離水者。四九為友也。若顛倒言之。亦各得生成匹配之數。辰戌丑未。所云甲庚丙壬為正向也。寅、申巳亥。所云乙辛丁癸水來催也。或乃執實照分元之說。而於每宮以三字分晰支離。是以刻舟求劍之識。為按圖索之驥之談。又惑之甚矣。

南北一卦圖

觀中一路。即知盡是武曲位。與諸獨舉巨破武者。乃三分全圖。各舉首卦言之。

蓋卦例最嫌於襍。故收納務取清純。而龍運又病於單。故源流當求滙合。若使八神齊到穴。則三吉六秀。無待分途。或收一坎為統龍。而三氣五行。亦堪兼攝南北一卦。乃上應實弼。實即挨星條例之中一路也。上下兩元二曜。既宜兼取。巽乾六甲兩局。各自分司。故稱三焉。

西卦圖

順行則巨門從頭出。逆數則貪狼一路行。若合鄉又即先天四陰之卦也。

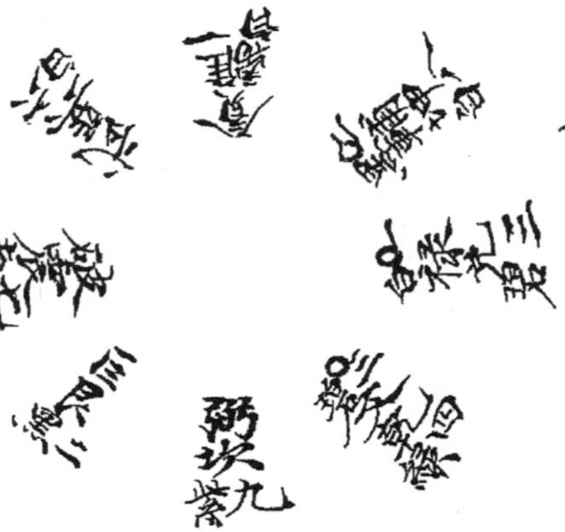

夫黃茅中部三位。分峙於東西。蒼幹先榮。二氣相秉為父母。則卦必自西始。江西一卦。即挨星條理之輔祿文也。以其餘氣悠長。交中而不替。故亦得二卦之用也。

東卦圖

即位。是破軍。若合貪。則即先天之陽四卦也。巽語舉四星次第。亦準先天順卦言之。

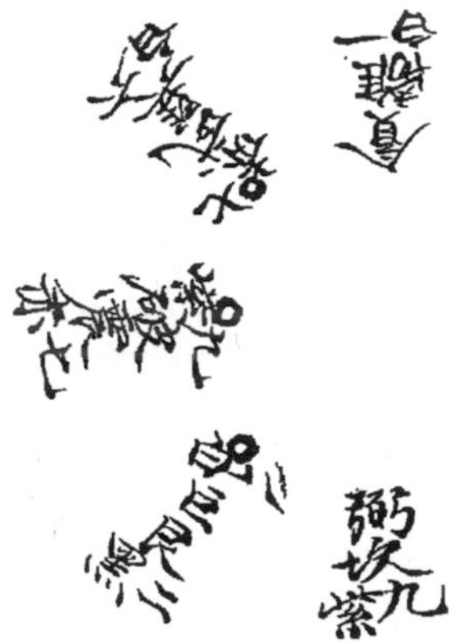

氣既西成。源從東接。江東一卦。乃挨星條理之巨破武也。氣肅者必隘。恒乘令而方與物反則為仇。仇又過時而易敗。故此直云一耳綜而論之。自坎而坤。自坤至震。自兌至艮。自艮至離。四位各經。兄弟相見。故皆云八神四個也。巽陽合西。乾陰合東。一推既往。一推未來。兩片截分。順逆異用。故又云兩卦四神也。要之星理明。則天下之能事畢矣。

天元五吉圖

凡兼宮宜作遠朝外局。

法者繩墨也。其用之則工之巧也。夫乘時立穴。苟非兼顧他元。則龍運未交。先遭衰替。盛時既代。便即凌夷。又安得盡收八神之運穴乎。變而通之。則有兼元之法。如天元三宮。則輔弼並用。水火媾精。孳生萬物。艮坤拱照。(乾兌)更代。三元自然悠遠不替矣。

人元五吉圖

交五黄甲離水即宜遠。以乾運催煞故也。

天元之後。即接人元。斯則六甲三分一元两界。右黄既禄。美善為難。法乃兼攝四維。總歸戊己。尚庸主極。統馭星辰。又求諸卦之宗。外顧統龍之氣。真源蔭養。流行藩籬。是亦三元之吉壤也。

地元兼貪圖

巽水不甚取者以離運已逼近上元也

惟地元氣局逼臨已衰之運既不可兼未至之龍又嫌鬪煞獨貪狼乃為諸龍之統領實八卦之綱維若收氣入穴足以輔護正龍力回衰運夫三局或兼貪或兼輔弼均之元外豈獨無出卦之嫌不知輔弼本佐斗以成功故天元可兼貪狼則兼攝八神而人地兩元亦不為害然發之必遲實照曾鑿鑿言之先賢慎守典常一絲不紊豈漫然自亂其例以致速敗乎

營洛圖

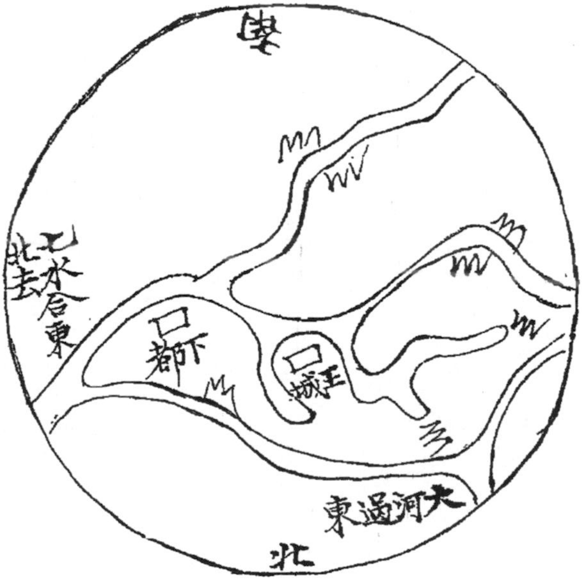

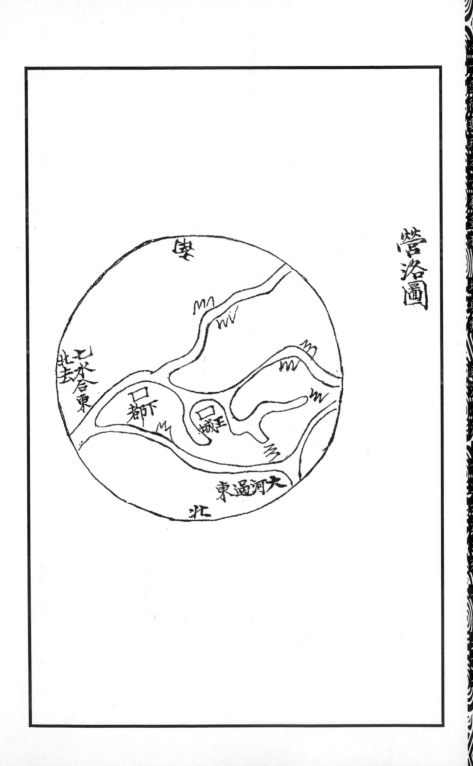

天盤

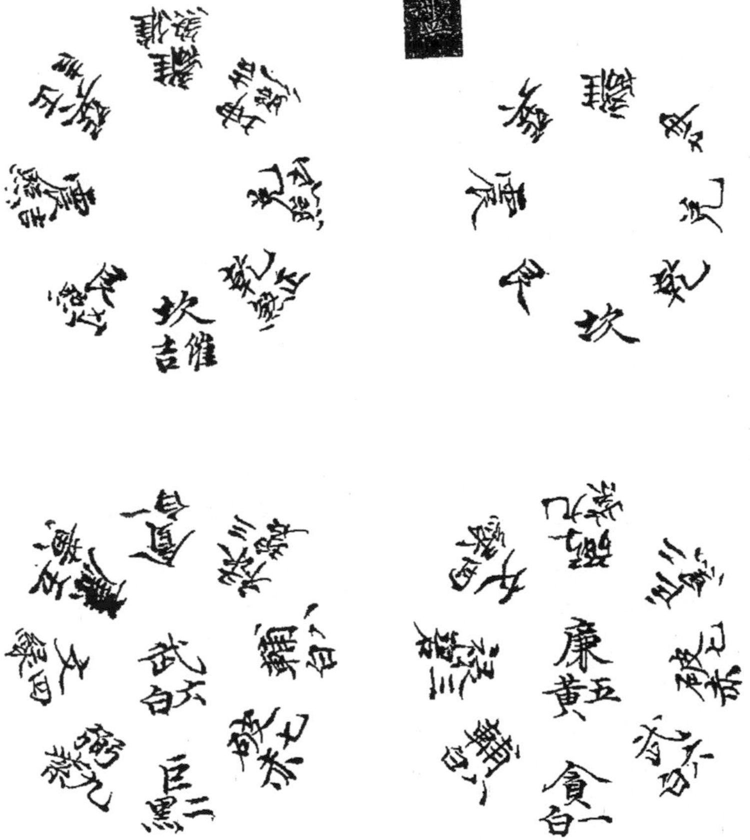

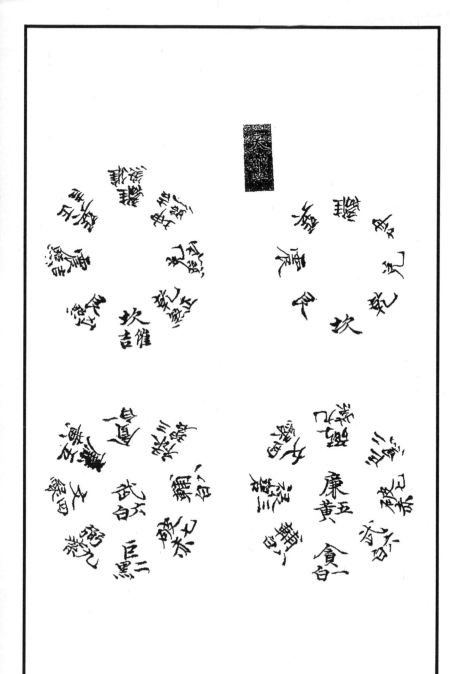

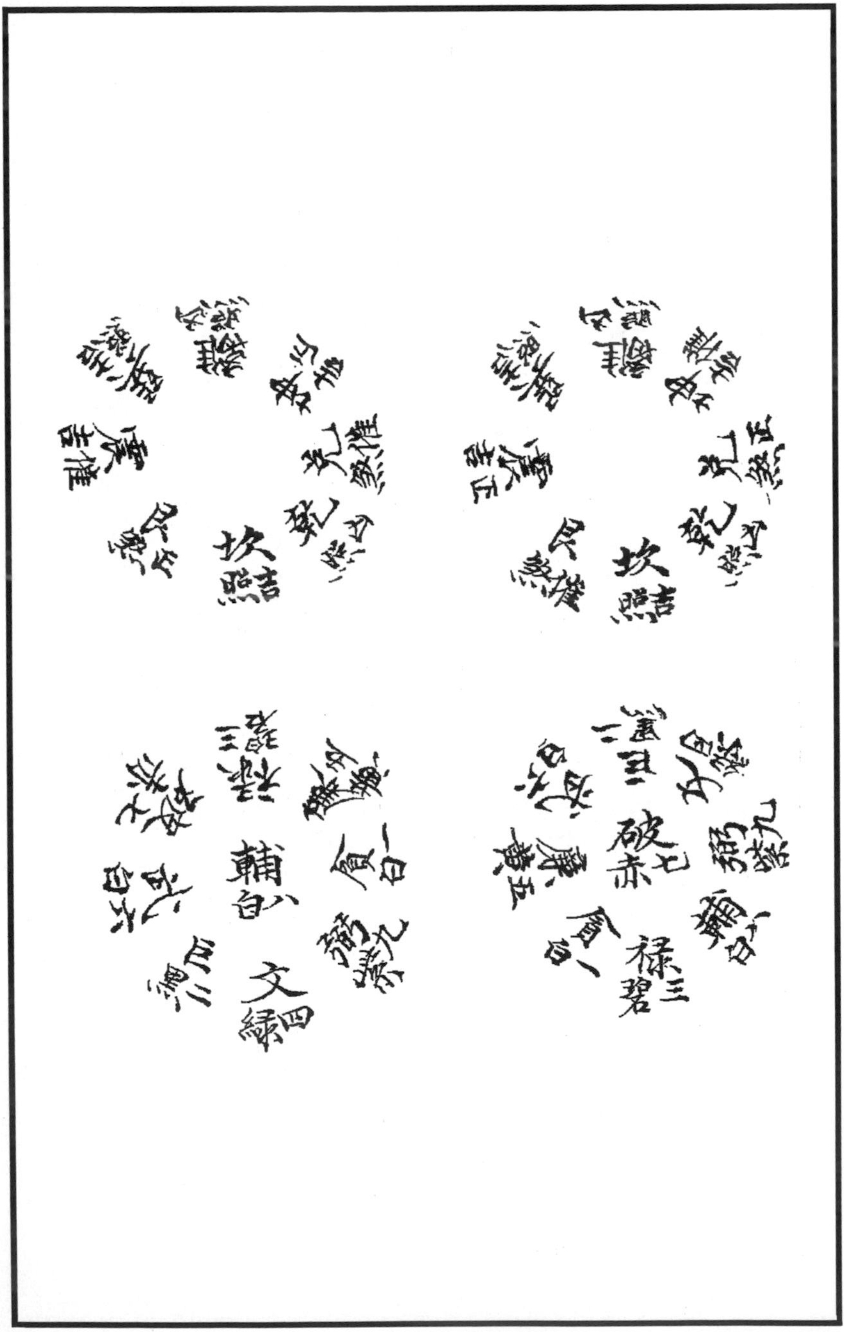

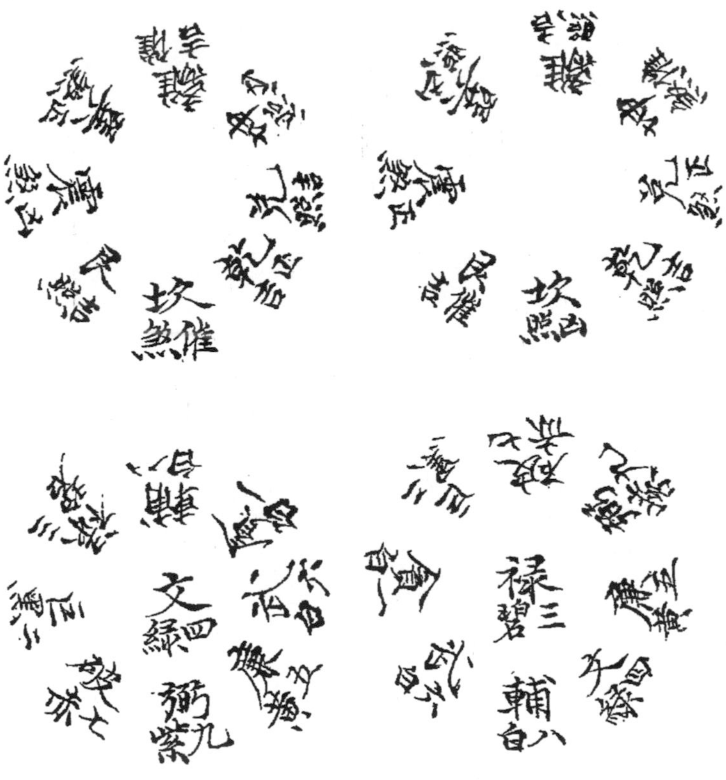

坎
艮
乾
震
祿 三碧
輔 八白
文 四綠
弼 九紫
破 七赤

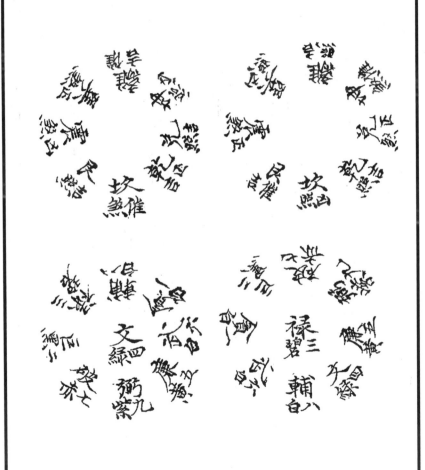

坎
正
吉
九
紫
五
廉
黃

千里眼 又名千金義

堪輿之文繁且多。要訣盡含糊。勸君平洋看水龍。灣曲氣方隆。直來直去氣不留。下了死龍頭。曲處不分是真息。逆上胎斯結。穴後分流氣脈處。葬下便澆漓。卑龍卑結氣融和。子息自登科。若有屋龍相護應。富貴天然定。水龍首尾要知因。穴道向斯定。親其間葬法分三格。時師尚未識。為龍帶秀亦堪抔。又有落河邊分行幹水入人見。不及私情戀。第一看水先看來。(雜不須裁)敗但見來源注一匀。此地真無價。來情滑令福完全。非時禍亦專。得時失令觀九氣。此是先天矩。一卦統三顛倒顛。玄竅此中傳。左右挨加順逆輪。生旺五行明。管一帶二人不知。禍福不差池。惟有乾坤一大闢。代代作催官。玄妙陰陽妙更玄。若差錯分毫難言。來龍真氣飲來時。作法要精微。逆來穴有多般法。不許差毫髮。信手拈來真妙道。處處為真造。倘將吉地葬來凶。立地禍旋踵。先天體。格後天用。本來分輕重。內外二氣分經緯。聯絡無相悖。上天列宿五行精。靈論挨星。元辰一滴為真諦。太極生天地。時師不明生剋理。進退無憑據。紫微北極坐中央。天星佈八方。二十四山雙雙起。夫婦相交際。天然向法認金龍。十字關竅。金龍來短近安排。來長遠處裁。不辨天星犯差錯。下後家蕭索。三星五吉神仙法。作用多包括。
下了。當法知直達機。補救得便宜。近應遠應要清純。錯亂禍來蹤。三元變化通神。
慧。凡派遠須真。去水之玄要還氣。時師少能會。識得水神來去情。分房知廢興。古
人曾有修龍訣。與君細說。蹤跡濬得法自通。元一點作根源。一脈流通百脈均。化
育得陽春。平地與山法不一。後坐空龍吉。左右低平前面高。氣旺產英豪。低窊
便作水龍論。乾流亦有神。平洋三法莫差池。特說與君知。葬水勝似葬山。好山
龍真穴妙。山龍向局有權宜。入首可詳思。龍經萬卷總無功。不與此篇同。浪淺
天機罷不了。都因救世道。有人得此神仙訣。休將輕漏洩。

閏餘圖

歲法三百五十四日三百四十八分

歲餘法萬二千二十七分

日法九百四十分

月法二萬七千七百五十九分

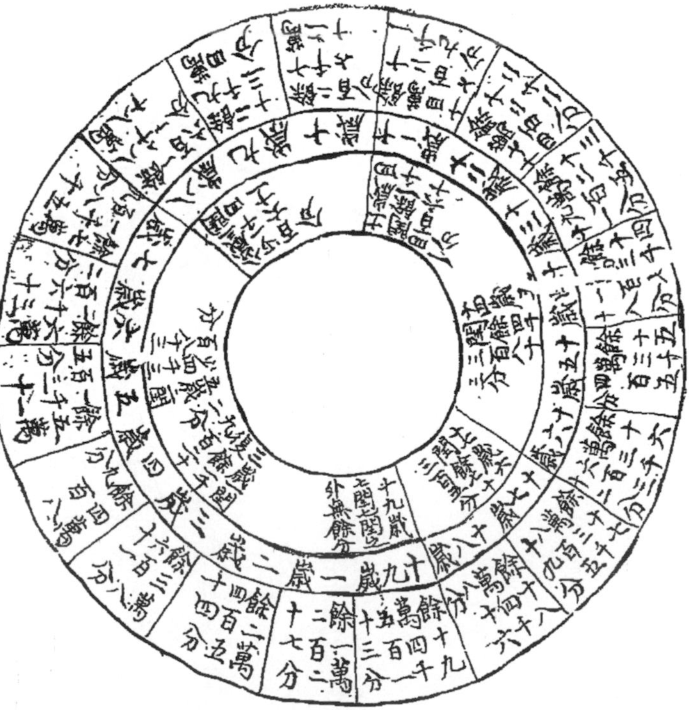

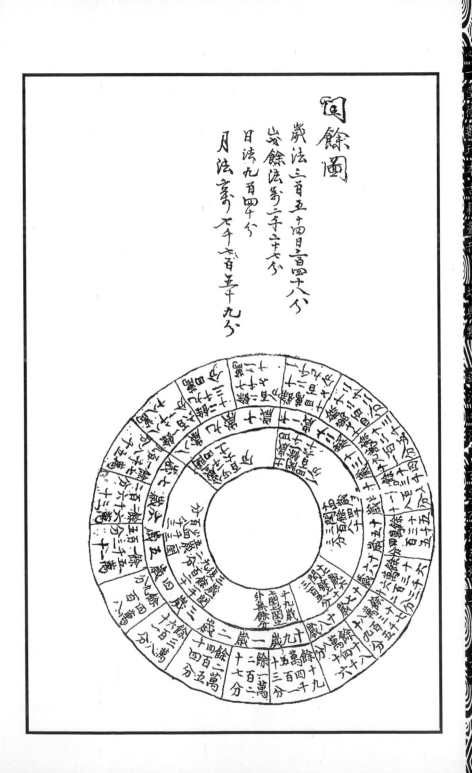

天體圓周三百六十五度。四分度之一。繞地左旋。一日一周。而過一度。日行一日。亦繞地一周。而不及天一度。積三百六十五日。九百四十分日之二百三十五。而與天會。是一歲日行之數也。月一日不及天十三度十九分度之七。積二十九日九百四十分日之四百九十七而與日會。十二會得日三百五十四九百四十分日之三百四十八。是一歲月行之數也。三百六十者。一歲之常數也。故日與天會而多五日九百四十分日之五百九十二者為朔虛。合氣盈朔虛而閏生焉。故一歲閏率則十日九百四十分日之八百二十七。三歲一閏。則三十二日九百四十分日之六百單一。五歲再閏。則五十四日九百四十分日之三百七十五。十有九歲七閏。則氣朔分齊。是為一章蓋。以十九歲而無餘分者。天數終于九。地數終于十。十九者。天地一終之數。積八十一章。則盈虛之餘盡而復始。四時定而歲功成矣

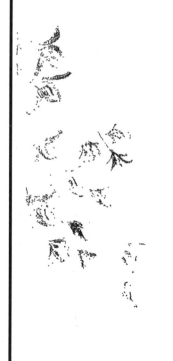

天玉外傳三篇

此九星以貪廉武文祿巨破輔為序　赤陽著

希夷陳　摶著

上篇

天機妙訣從來秘。勘破真奇異。五行生旺覓雌雄。合璧喜相逢。二十四山佈八宮。三卦泄元空。恩机却是先天宅。宗支分兩姓。同支異姓縱在一宅有內外。罡刼吊煞不可當。貪巨武輔昌。兩家父母生兒孫。多寡不同論一家骨肉十有四。一家十個遠。參差當面來朝揖。好穩無人說。十四人中六（或作八）個順。十人四個逆。三山雙起分雌雄。前後不相通。四個雌雄若齊到代代官尊要。南北分明錯一卦。中有兩人啞。西畨北廣指相通。旁面莫相逢。東西兩卦卦究結。其家有姻戚。知能容地結奇緣。相逢富貴全兩般須此取。逐卦挨查去。進神八八卦共二七。退神八八卦十山逆。水上覓吞空。一雌共一雄。為懸山向吞空立。四凶還四吉。內神六吉外六凶。須記究真

蹤若會行時凶也吉不成會吉成凶大小吞空俱說錯指應竟作馬
生旺隨地星懸空莫曉仙人卦

中篇

乾納收甲方巨武雙回乾甲丁甲丁山變更廉貞帶巨坤壬乙壬乙生荊棘巨吉祿存貪
山水為巨門乾納甲故也丙辛丙山見破軍貪根巨武曲與庚癸庚山化作癸鬼即此挨移四十八挨移為
收丁方山水為武曲學脫煞時師只知順逆行白晝露冥冥楊公指點何明哉時師竟亂指余今索
訣乾山兌為武曲兌納丁性都變破好去思量做山上龍神不下水巒頭有猶易會水裏龍神不上山
故亦為武曲有舌脚漫道平洋莫問龍水上認來蹤水裡龍神只管水交會在山龍煙
也甲係震卦管丁係長純襟水中聚山上吉凶藏水劫風吹都不怕只要水合卦最是朱衣 貴
離卦管甲丁兩山見有客兩局相投納若還一樣去逢迎玉帛起刀兵父母如何去倒生旺認
乾方山水並非巨門武曲來源相生相比為三吉緋紫與休歇豈惟我魁最難當妻兒饑也殃殘

則變更矣

生旺剋如逢退。立見財丁貴。人道洛書有九數。未割其來故。河圖書卦不知蹤。幾被文王惧。生數逢五成數。相得還相合。陰陽老少見剛柔。同心者自求。

葬法千般對不同。只在合否空。若還些子無差錯。局局書相用。

下篇

東西南北三般卦。離合親疎話。天地父母卦三般。先後倒順變。乾向乾流出狀元。非乾禍轉纏。卯山卯向卯源水。坐卯定庭至。時師不識諸真仙訣。依舊做還空。坐正朝零話不明。臨惧禍非輕。雖然識得零和正。雌雄要趣定。龍差穴錯穴情乖。變出坎坑來。來源朱雀始陰陽。幹合福綿長。如何驟發還聚外罷。只緣水出卦。細看房分合年庚。休囚有明徵。生剋制化有詳細。切勿輕談八局。五路陰陽一路中。天然夫婦逢巨族。為官俱出此。斷橋不相接。最是木神要清潔。異姓林來襍。若還更襍兩宮來。繼贅螟蛉出。認龍辨源流。乘脈細推求。星辰毫忽如差錯。下後憂貧絕。時師只記陰陽卦。順逆長生語。謬訛相傳悮。殺人到老不知音。千金無價神仙訣。翻天倒地說你迷迷相生我道剋。你沖我道合。吞空大卦個中藏。平步佐君王。隨手拈來夫婦媾。立地千財丁旺。楊公妙訣只口吃。期期艾艾白說。好似華言對八蠻須對待人翻譯。

玄空秘旨

方外無極子著

發微

庖犧畫易○精凝秘奧○劈破太極○中分老少○天從地轉○左旋上升
地隨天運○柔順下凝○乾坤以定○高卑以陳○貴賤以位○動靜以分
剛柔以斷○吉凶以生○巽風坎雨○震雷離電○(霆)冬寒夏暑○月恒日升○
貞元運會○一除一乘○至誠無息○博厚高明○

河圖玄空大卦發測三章

河圖中五○貞卦妙合○陰陽互根○是為太極○涵育兩儀○四象以立○

一二三四○(合東一南二西三北四成五北一則南為二東為三西為四中五一四為五二三為五而十數由此定矣)(即成中五加一成六加二成七加三成八加四成九加五而十數俱行矣)合五成十○六七八九加五併十○河圖之中混然一理是為太極而陰陽互根涵育兩儀四象一二三四之數出焉合視之即為中五分視之則為一二三四然天地之數以五立極即有中五之一合遇

着中五而成六、即有中五之二、合遇着中五而成七即有中五
之三、合遇着中五而成八、即有中五之四、合遇着中五而成九、
有此一成而中五立極、分一二三四為生數六、七八九為成數
也、因而有中五成之數、而千萬之數從此而出、豈非真精妙
合有一太本金一生一生一成
矣一一為一。是為太陽。二二兩三為四。太陰可詳。三三一二為三。
是為少陽。二二兩一為二。少陰彰彰。二二加以生數。八卦列張。凡數
所倚。參天兩地。兩二一三。陽七少兩三一二。陰八少少剛少柔。從茲
而起。三三為九。九老三二為六。六老陰太剛太柔。氣盈數縮。成數
三十。繞中宮五以生數。五生數即一二三四也十有五。旋天轉地。萬物之紀明其順逆。太極一陰一陽互為其根達
其終始。無內無外。大含元氣。細入無間。理盡於此若一章水火木金。一主一成
一二三四六七八九之數中空立極。太虛無形。一二三四之卦
即成其水火木金之性
詩縱橫。陰陽互媾。疑合真精。少二老四少三老二。與四耦與四耦一。
二。三四是為中五。本無定名四象以序。老少以呈。生數加五。加五成數六七八九

註加一乎辛下○二三屬丙納兌三屬甲納乾七屬丙納艮八屬乙納坤此即所謂先天夫婦而伏羲圓圖八卦從此而出至子一與九四與六三與七二與八合為歸內外武曲卦從此出武曲卦者其即天心天心者其即貪武同劉之說然總歸於竹任云狂望輔弼無一是也

乃成○六七八九○數從此增○天然夫婦○萬物化生○一九四六○[illegible]老

數備○一為太陽四為太陰九為太剛六為太柔故云二老坎癸離壬震庚巽辛配合

一六之水納于坎離四九之金配于震巽二八三七○二少數了○

三八之木寄于乾坤二七之火納于艮兌丙丁奇耦平○成數生

二為少陰三為少陽七為少剛八為少柔故云二少乾坤艮兌

加五生氣蒸蒸生數成數合十非作一成數十五元亨利貞○即九

與七合非是數者禍敗要何通其杳妙鬼神莫名○

二與七合之數六與九七與中五混濛孰主宰是陰陽動靜

八成數合十奇空大卦也

包含天地○流行無停循環無始○兩儀者形○互根者理○象卦雖具○

不可指稱○無極之極○運為真精○儀生四象○其物曰識○象生八卦○

其數曰成○卦從象出○象以數名○剛柔相摩○八卦乃形○夫子之言

次第分明○一為太陽二連九成乾○三居六成兌○二三為少陽一六

連七成巽。三居八成坎。三乾兌相連。離震咸運。坤艮相親。坎巽同論。顛倒摩盪。錯綜變化。因重所積。六十四卦。乾坤艮兌生於二老。震巽坎離生於二少。卦與數殊。合成吝妙。

（巽坎同論）（二為少陰六合成震七居兌成離二離震同運）

河圖之數一二三四生數也六七八九成數也陽之生數起於一陽之成數至九而極一與九合故連九成乾一六同宗故居六成兌陰之生數至四而極陰之成數起於六四與六合故舍六成坤四九為友故居九成艮陰之生數起於二陰之成數至八而終二與八合故舍八成震二七同道故居七成離陽之生數至三而終陽之成數起於七三與七合故連七成巽三八為朋故居八成坎視此而乾坤[illegible]兌西四卦震巽坎離東四卦劃然不可混矣

巽辛坎癸艮丙 乾甲壬子午坤乙癸天一壬生水地六癸成之地二丁生火天七丙成之 兌丁離壬震庚天三甲生木地八乙成之地四辛生金天九庚成之 數則一四六九為坎離震巽所納位則一四六九為乾坤艮兌所數 為乾坤艮兌所納位則二七三八為坎離震巽所數則知東四西四[illegible] 歸要相得合成數與卦配各有專屬則數與位自應[illegible] 地數地卦入而滿數地[illegible]相得而各有合者

伏羲先天圓圖八卦

南是陽加。北是陰陸。日本東出。月出西。朔西北山厚。東南澤谷。風生西南。雷起西（東）北。先天圓圖。體用備足。四月之交。澤天為知。

決畫純陽○雷雨時解○乾畫午半○陰起巽庭○天風為姤○陰氣始凝○
柔德在木○萬物用成○初六履霜○陰氣用事○肅殺戰爭○蹇難之祭○
十月之交○山地為剝○剝極純陰○堅冰氣慄○坤畫子中○屬生震宮○
地雷為復○生氣初豐○陽德在火○萬物用生○布禾登麥○甘露和凝○
巳日乃革○陽泰陰否○自北而南○天下常治○自南而北○死生凋敝○
靜觀萬類○莫不如是○坤艮坎巽○圖本順稱○巽坎艮坤○今乃逆行○
震離兌乾○圖本左序○乾兌離震○今乃倒置○乾一兌二○離三震四○
巽五坎六○艮七坤八○一二同心○三四同氣○五六同宮○七八同宅○
雷動風散○雨潤日烜○陽始陰成○萬物滋生○艮止兌說○乾君坤藏○
陽施陰受○萬物榮昌○先言其理○對待之體○次言其用○流行之氣○
終定其數○九疇之紀○鏡往察來○順飛逆數○大哉易乎○勿妄傳度○

河圖

再觀河圖○審其變更○先天定位○周布羅經○一六居下○是為壬癸○用則坎離○體則水位○二七居上○是為丙丁○向則艮兌○局則離明○三八居左○是為甲乙○水則乾坤○山則震宅○四九居右○是為庚辛○零則震巽○正則兌金○一雄一雌○一夫一妻○天地父母○從此推移○非大羅仙○莫名其故○臆說妄談○終於貽誤○苟非其人○切勿輕吐○後天八卦○與先天異○先天存空○形上之理○後天方位○形下之氣○氣從理生○理隨氣寓○神而明之○百慮一致○先明卦義○次言卦氣○一體一用○互相表裏○其克不克○其生不生○或對或否○顛倒莫名○闢天闔地○翻天翻地○乾坤而明○坤默而成○參通河洛○幽贊神明○

此言河洛之妙

葬經　洞靈葬經

郭景純著

定卦章第一

太極判。兩儀立。萬物生。象數呈。河圖出。一本作河出圖洛出書造化已成卦體顯一與六北。二與七南。一本作一與六二與七無北南二字一六與二七。其縱對。三與八東。四與九西。一本作三與八四與九無東西二字三八與四九。其橫對。為陰陽。為剛柔。為氣為質。為夫婦之道。易曰。立天之道陰與陽。立地之道柔與剛。物有氣質。人有男女。伏羲則之以畫卦象。其生物一本物作動四象有數。八卦有位。從中而生。乾南坤北之位是也從中者金木水火無土不生也地象陰儀。自下而上。自下指一六二七天象陽儀。乾坤坎離震艮巽兌乾坤東。甲乙三八艮兌南。丙丁二七坎離北。壬癸一六震巽西。庚辛四九。乾坤為老夫婦。震巽為長夫婦。坎離為中夫夫婦艮兌為少夫婦此言先天定位明十兆之

（所由兆也）一元兆。絪縕交密。自元而亨。自（由）利而貞。（春夏陽秋冬陰）陽主動。陰主靜。勾萌甲拆。（陽）耳目手足。（陰）有上下。乾南坤北。離東坎西。兌東南。艮西北。震東北。巽西南。為對待。陰濟陽。陽濟陰。陰陽濟。萬物生。為夫婦。對待。四時五行。一生一成。東甲乙三八。南丙丁二七。中戊己五十。西庚辛四九。北壬癸一六。一二三四六七八九。自離而兌。而乾。而巽。（春夏）自坎而艮。而坤。而震。（秋冬）春夏主生數。秋冬主成數。卦體逆。（逆一作順）象數順。（順一作逆）名先天。（一二三四言納甲生數、寄於離兌乾巽。六七八九成數、寄於坎艮坤震也。春夏生。秋冬成。四時之生一成也。天三生木。五行之一生一成也。自離而兌乾巽自坎而艮坤震。皆逆也。乾一、兌二、離三、震四、巽五坎六艮七坤八。此推五行生成之數而明納甲所屬之故也。）文王之卦。為天地用。其四象。其五行。各自為極。水木中。（中疑是下寄坎巽震坤寄坎）火金上。（離乾兌艮寄離）水火陽。木金陰。為奇耦。自然而成性。北生乾坎。

東生艮震。南生巽離。西生坤兌。八節運行。寒暑推遷。十二次舍為支神。居四正以輔卦氣。干聚散。支散聚。為天為地。為流行。作寄宮。名後天。（聚者聚於卦。散者散於四方。干寄先天。天德也。支寄後天。小德也。先天定後天陰陽之位。為之鼓動。清濁。先天必得後天而其用始彰。後天不離先天而其理始籥。先天後天。干地支。分列。而二十四位劃然定矣。著先後外集。則氣之清者濁而灾沴生。何清何濁。其中須有分曉。）

形氣章第二

先後定。陰陽之氣。為之鼓動。清濁分。水火之形。為之摩盪。氣主天。形主地。形載氣。氣寓形。形而理興。（一本作而理以形存）形存氣枯理失。（一本作其氣枯其理失）是謂虛匡廓於物。為速朽。於人為待斃。於事為不祥。於葬為澤（澤一作流）禍。其方所。曰前曰後曰左曰右曰東曰西曰南曰北。形於此氣彼。形於彼氣此。如影響。其氣清。為賢智。為富貴。為壽考。其氣濁為愚不肖。為貧賤夭折。徵氣於形。形邪形正。形強形弱。形聚形散。老壯大小。莫不成於氣。氣吉吉氣凶凶。氣無形。形氣無色。天理地理人理。一三三一。其原同。蔣子曰。某山龍前有特朝之峰。後必有真正之脈。其平洋大有特來之水。右必有貫注之氣。氣之因脈。猶形之於影。應之於響也。

交媾章第三

陰交陽交。陰陽媾。察其來去以知邪正。正非正。得耦正。邪非邪。失耦邪。氣逆陽。形逆陰。先天體。後天用。理逆先。氣逆後。是謂顛倒錯綜。因位置以分清濁。縱縱橫橫。縱橫清。縱橫濁。一本作縱縱橫橫清縱橫橫縱濁

其八卦三交。交有變。交自為卦。因後天之位置。分先天之清濁。每卦皆有三交。而三爻各冒卦。即如丙午丁雖名離卦。而山龍論脈。丙也。午也。丁也。不同論也。平洋論水。丙午丁也。不同斷也。東卦西。西卦東。賴公云。本是東鄰之乃借與西鄰寄禮也。南卦北。北卦南。不知來。來審去。去。不知

去去審來來。知去順。知來逆。此即穴歸位意陽陰陰順陽順此即實法得求陰求陽之意是為對出。出一作詩為配合。合一作耦家國昌。諸祥集。子孫富貴無既。陽陽陰陰逆。是為錯出。為苟合。沴氣行。為家國殄。諸殃集。子孫淫泆荒暴。天地間只。一個陰陽對待之理。分錯於廿四宮而吉凶生。萬物生。易曰。天地定位。山澤通氣。雷風相薄。水火不相射。然後能變化。生萬物。此天地之理也。以二十四氣定方隅。分山水者。後天之氣質也。引而伸之。觸類而長之。天下之能事畢矣。○蔣子曰。山龍平洋交媾不同。山論脈。地論氣。故山龍必先後天兩相交媾。則龍真穴的。蓋有配有合則龍止。無配無合則龍行。此千古之秘訣也。平洋以水為憑。水如何行出。則知氣如何行。山當極之未定。則太虛泯蕩。無可名象及其既正。則八方應對。逆極而生。而近穴天心十道。一點元辰之水。乃為真正血脈。真正交媾。毫厘尺寸無得差移。此處一差滿局皆謬。○陰陽取象於斗。以配八山之名。蓋有一定不易之位。相非可以起卦例翻顛倒乱掌上運行著。吾聞之師曰。天星為羊誰能識。地下渾惟有赤松明此理。後人翻[illegible]山共蓋言此也。訣曰。斗為帝車。運乎中央。臨制四方

生尅章第四

觀後天之卦以定生尅○干從○支從○八卦從○或二或四○或東或西
或南或北○或前後左右○明生剋之所在不同察內外○內生○子孫生生內富
貴○茫內○突變○凶禍○為覆宗○內尅○退敗窮厄○為虛氣○為盜賊為喪
耦○蔣子曰不言比和○在人自想○龍穴為內○砂水為外○又向為外中之內○砂為外中之外也其甲乾乙坤丙
艮丁○兌為氣旺○為土土一作火金生○庚震辛巽壬離癸○坎為氣相○為
水木生○為水火交濟○其生不生○其尅不尅○須明生尅○無混生尅○
離東坎西○先天之交濟○離南坎北○後天之交濟也○和盤托出矣○凝哉言矣○必何如而後為生尅矣○卦定天地之
自然○近取諸身○遠取諸物○禍與福○美與惡○觀衰旺○辨強弱○以斷
先知○後天之卦○分布二十四宮○而坐山上論八宮○然雖言平洋○而山龍亦自有異○蓋山上龍○水裡龍○正不一也四正之卦
各四神而四維之卦各四神不過分列於東西南北左右之間亦在乎人之神而明之○知其為生剋○則干支八卦○尚何不從之看
詳說卦傳○斷曰坎宮高塞而耳聾云云○

行龍章第五

幹不止支止幹不結支結既止既結觀交觀鎖觀聚觀輔從（本有觀）（對觀闕觀鏈句）其形陰生陽陽生陰其氣陰配陽陽配陰陰座無漏城無缺朝無邪界無直是為氣止（即言山上龍神）平洋以水相其其行行不褄相其止止不褄卦一氣純是謂吉葬（亦穴法歸位意以下皆言水上龍神）陽在水（後天）陰氣在氣（先天）陽在氣（先天）陰在水（後天）是為正龍正龍之地鬼福及人（亦穴法章陰求陽陽求陰之意）其支干聯卦維（四維）聯禍福無主本末俱虛曰異姓曰螟蛉（一本有曰贅婿曰繼嗣二句）吉中凶凶中吉善惡同途究福禍同途是為褄氣褄氣之卦倫常失人事乖違（蔣子曰水龍貼穴一節最忌敺褄若干與支褄）卦正與維褄則龍兼兩卦禍福當即主乎其聯有同宮而異卦著有同卦而異宮者有卦與宮俱不同著同宮而異卦則贅婿外孫同姪為嗣同卦而異宮則宗族為嗣卦與宮俱不同則異姓螟蛉為嗣而已褄故也（如兌與乾同宮為異卦如乾與坎同卦為異宮如坎與艮宮卦俱不同）

穴法章第六

穴、以乘氣。氣以迎、龍。天地之理以人全。天地之化以人輔。龍吉、穴吉。吉。龍、吉凶穴凶。凶。凶龍、凶、穴吉。吉。前吉、後凶、逆前。前、凶、後吉、逆後。左吉、右凶、宜左。右吉、左凶、宜右。前後左右、皆凶。脫其煞、就局。以、葬。此乘氣脫龍二大局。為平洋之要訣。一本此下有趨吉曰避凶凶吉趨凶曰避吉吉凶二句幹、大、支、小。幹、外、支、內。一本作幹外遠支內近為連絡。同、一卦、氣陽求陰、求陽。先天夫婦得配主廣嗣續。陰歸位、陽歸位。後天不出卦中。主富財帛、不對、對。為縱為橫。主貴顯。對不對。縱縱橫橫。一本作縱橫橫縱亡身破家有災殃。蔣子曰、卯龍作酉向收酉水。卯酉即先天之坎離。本夫婦對待。而一在震宮。一在兌宮。震兌為東西各卦。金木相殘。則不對矣。若立庚辛向、收庚辛水。則不對對矣。凡就龍立向無不皆然須向、後、天、覓先天。莫、認、先、天、即、後、天。兩、宮、同、到、有、關、鎖。有、輔、有、合、氣、始、全。氣吉取吉。有棄凶取吉。有兼取皆吉。一本作吉凶[illegible]有兼取有[illegible]取兼取之地。富貴全。紫星交至。禍不單行。觀水之廣狹以定遠近。
廣則遠水、狹則近水、取十字。無差、毫釐。為孿為倚為半為夾為雙關為吊
為照、為聚為交。前、後、遠、近、無襍。襍、卦、無、主。交穴者水之三叉港口也以向上取為亢
辰。而、兩、面、皆、均。必、宜、左、右、合。局。若、一、有、偏枯。則換局不同折也
○將子曰。凡水大者穴宜進。小者穴宜出。固也。然亦定水之廣
狹、以十字格之。而三七放棺也。入水三分為柔氣。出水三分為
就局相其廣狹。審其吉凶而裁之。豈有毫釐之差哉。大約扳何
坐夾、四者為乘氣。雙關吊照聚交。為穴法。何為扳水前橫截。而
貼水作之者也。何為倚。水前直來。而傍水作之者也。坐者水後
橫截而坐之水作宮之者也。來者兩傍有港。而於中立穴。同一卦氣
者也雙關者兩同到之地也。吊吊角也。港漕盡處。或邪或正作
之。聚穴家水聚會之處。使同歸於吉位。於其廣狹以
裁之。照、穴者。水神遠照。日光朗遠射穴。刀亦甚巨也。

砂水章第七

龍是經。砂水是緯。經正。緯為變。上上一作外應天度。天度、角木蛟等龍為主。砂水是賓。龍
是本。砂水是末。一本此下有內合地盤一句主、貴、賓、不貴。寒。本、旺。末、不旺。孤。無入提挈才高作寒酸立

立品脈高名流之資輔龍天合○砂水人合○天、合、都○天、然、生、就、者、也○入、合、者移局換星是也是在作者內凌

外○財離外欺內○衆叛元辰內主○富貴外主○即生尅章察內察外之意地之水○

其曲直大小遠近廣狹有輕重○山之地○地一作砂其邪正去住聚散緩

急有禍福○歲運有、尅、應○歲運流行乃有尅應

星符篇

八卦既立○九星應符○貪狼星照、顯文章○兒孫昌億○武曲朝來家大旺○貴祿千鍾○文曲為敗神○賭博貪花○田産退○祿存屬絕位○貧窮孤寡子孫消○巨門乃巨富之星○夫妻偕老○破軍為破家之賊○殘疾并生○廉貞有瘟火之災○孤寡零丁猶不足○輔弼見興隆之兆○餘創業成材而有餘○來吉去凶○繼旺人材無結束○來凶去吉○先當災禍後收成○進、退、合、宜○斷、定、元、元、不、敗○消、納、盡、失○定、然、歲

歲多殃流破四宮幼婦兒童夭折水歸七位田庄產業難招一白宮中。家生文士。五黃位上。宅產凶徒。貪狼水之貪狼行。功名自達。文曲水而文曲去。淫亂堪羞。弼歸軍。醇厚而田庄又破。廉趨武。奸澆而家道反昌。文曲直達。天星雖有子而家聲不正。廉位水歸破位。遭囬祿而有殃。身敗家凶。武入祿存。繼富貴猶如花露。貪投文曲。雖貴秀定有風聲。顛倒父母細推詳。高山平洋少異。番覆星辰真妙訣。龍脉砂水不同。

挨星篇

挨星之訣。三卦為例。左陽順推。右陰逆轉詳。父母清純。不移本處。交媾陰陽。番天倒地。一坎為貪。二坤為巨。三震祿存。文曲在四。五黃廉貞。辰戌丑未。六白武曲。破軍七赤。八白左輔。九離弼位。

來、卦、得、真。九、星、有、據。分別加挨。順來逆去。得以合機。造福之祕。

蔣子曰此章言挨星五行即九星五行也貪巨祿文廉武破輔弼一一挨去而八卦之內只有三卦天玉所云莫與時師語者此三卦也所云算值千金價者此三卦也出卦家貿之者此三卦也所云便是真神路者此三卦也挨星妙用此有三卦更無別法若二丁四路不出三卦之內則貴顯交明然卦內又當問其是卦之父母酉是卦之子息酉何謂子息甲庚丙壬陽四干則順維入卦乙辛丁癸陰四干則逆推入卦一右一左卦中皆有陰陽兩路可卯非特八卦分為陰陽何為屬陰何為屬陽又非乾坤艮巽為陽順子午卯酉為陰逆也舉八干而寅申巳亥支神之法與乙辛丁癸逆註亦在其中矣何為父來四維之卦以乾坤艮巽為父母四正之卦以子午卯酉為父母也水路是父母本位不襍兩傍子息極清極純不必順推入卦不必道註入卦故曰不移本處舉四陽四正之不移而單丑單未單天坤戌之不移亦在其中矣由是觀之不移移天卦也右陰逆註地卦也左順陽推入卦也非三卦而何若夫交媾陰陽之所即天地之關竅知其關竅而後交媾可定金龍在江南而所望之氣脈反在江北金龍在江西而所望之氣脈反在江東此為番天倒地合空之義幾乎盡矣而又恐人不知陰陽為何物又深原其故曰一白在坎二黑在坤三碧在震四綠在巽五黃在中六白在乾七赤在兌八白在艮九紫在離然皆須倒排而不用順排

餘排不用坎癸得一白之真氣順排則真用故癸反得九萬之
然氣似是而相毫釐千里古靈大卦千言萬語惟在於此明生
莊真零正明矣夫正看本元之旺氣也上元一絃二三輔之正
神百步始成龍以坐山收之[illegible]要龍氣遠始能發福否則駁襟
矣零者帳之衰氣也外來衰敗之氣其刻識者造足以成我也
即八九零神之水不閣長短以向上收之至於中下兩元亦[illegible]
世人又有專取貪巨武為三吉而分彼此定優分為怪異之訣
蓋九星者上應北斗幹維元運萬古不能外也正是天地流[illegible]
之妙與時相合則吉背則出故真九星者豈未貪巨武為三吉
破祿廉文輔彌亦有吉時真知八卦者豈惟坎離震兑為出即
巽艮乾坤亦有出時斯為捩星之妙訣而其訣之得與不得在
乎卦之真與不真水路自午方來則為真天卦水路自丁方來
則為真人卦水路自丙方來則為真地卦[illegible]氣倒河推天玉經
日排星仔細看五行看自何卦生來山八卦不知踪八卦九星
空此言不卦得真九星有據又日順逆排來各不同蓋一卦之
卦順遵原有不同即一卦入用或當順推或當逆推有一定之
氣而無一定之用此言方別各挨順來逆去也要而言之向須
卦因之向水須卦內之水二者皆歸本卦則全美矣然同一出
卦而有卦內卦外之不同不可不辨若水從庚方入立壬山丙
向巴亦為貪狼了乙辛癸為廉貞矣水辛方入立癸山丁向來
亦為貪狼乾坤艮巽為廉貞似出非此為五行位出一位仔
細秘中記者此也得三卦之真機富貴立至真為造福之秘哉

作法

地理之道有三。一曰龍體。二曰胎息。三曰卦氣。龍體胎息為體。為先天。為內氣。局法卦氣為用。為後天。為卦(外)氣。內外兼收。體用並得。富貴立至今之作。法當以龍體審運。胎息定穴。卦氣辨去來。其目雖三。其理則一。故青囊天玉諸書。靡不明言。只要龍身得生旺。陰陽卻與穴中殊。此。言龍體也。胎息生旺要知因。龍歇胎(脈)寒禍患侵。此。言胎息也。勸君最(再)把星(辨)辰取吉凶。禍福如神現。此。言卦氣也。天玉經曰。先定來山後定向。聯珠不相放。合三者而言也。寶照經曰。明得三星五吉向。轉禍為福大吉祥。此。言先後天之向法也。就龍體立向為三吉。就局法立向為五(吉)。此。經權常變之法也。故知先天之體格。(不)要明後天之作用。雖發有限。知後天之作用。(不得)而先天之體格得。(亦)有小福。稀世圖式體格之中。具有作用之法。余一一闡解於後。得者秘之。

天心正運圖

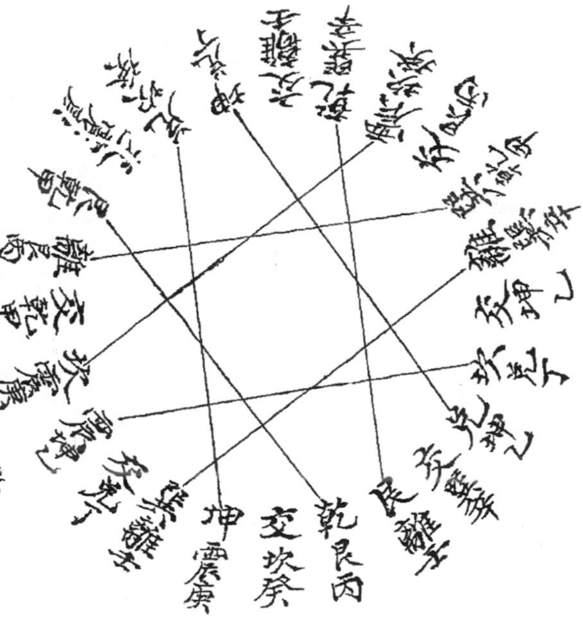

鴻寶圖

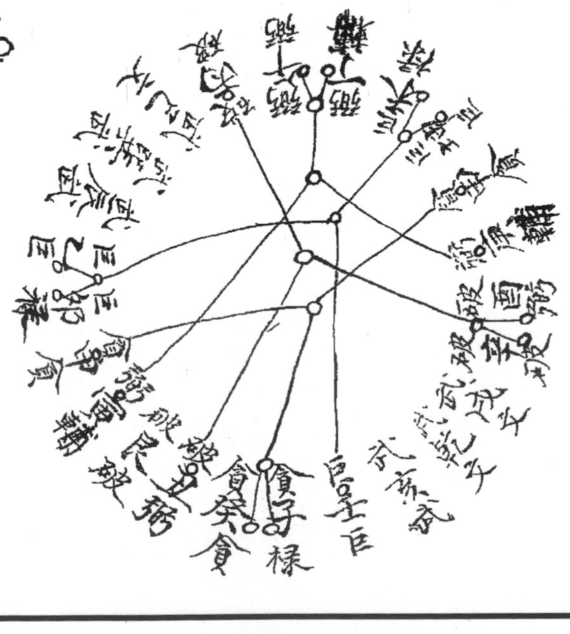

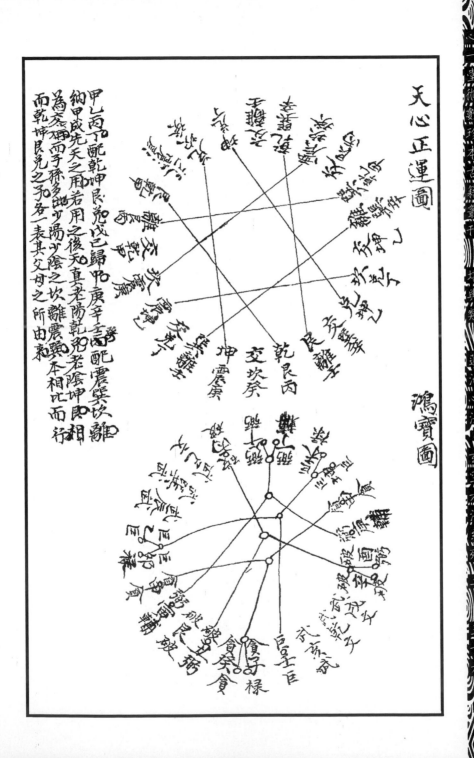

甲乙丙丁配乾坤艮兌戊己歸中庚辛壬癸配震巽坎離納甲成先天之用若用之後天真老陽乾兌老陰坤艮相為交媾而子孫多出少陽少陰之坎離震巽本相比而行而乾坤艮兌之子各一表其父母之所由來

交媾圖

金龍圖

干維乾艮巽坤壬
支神坎震離兌癸
江南龍來江北望
江西龍去望江東

先後天交媾配九星圖

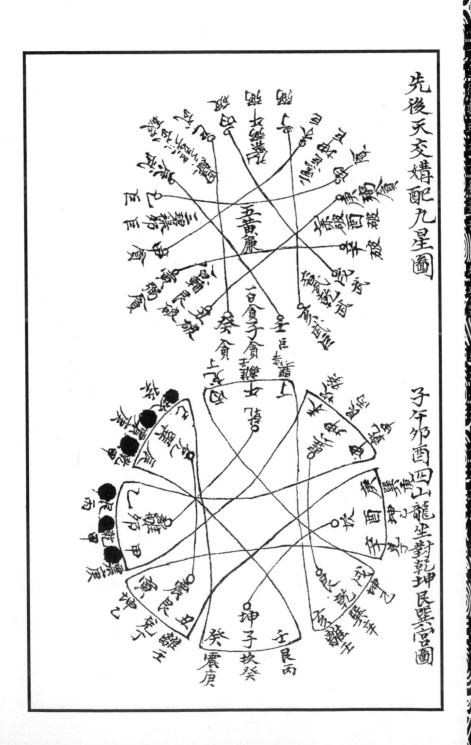

子午卯酉四山龍坐對乾坤艮巽宮圖

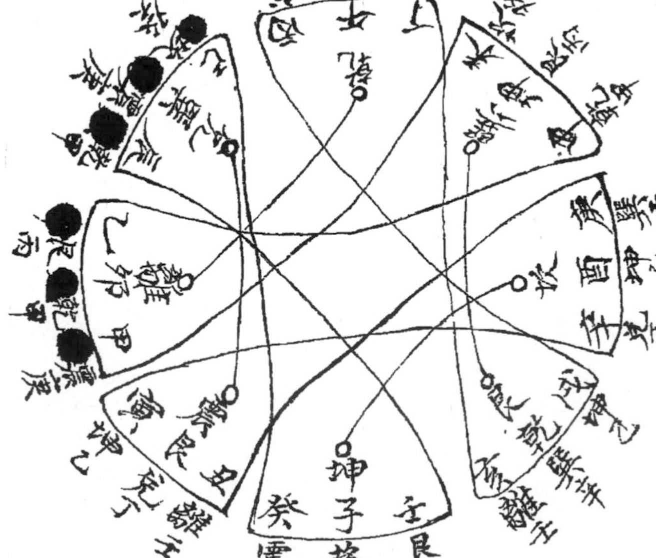

三卦圖

二十四山本八卦而八卦又分為三卦此玄空之妙

以子午卯酉乾坤艮巽為天卦甲庚丙壬為地卦乙辛丁癸為人卦

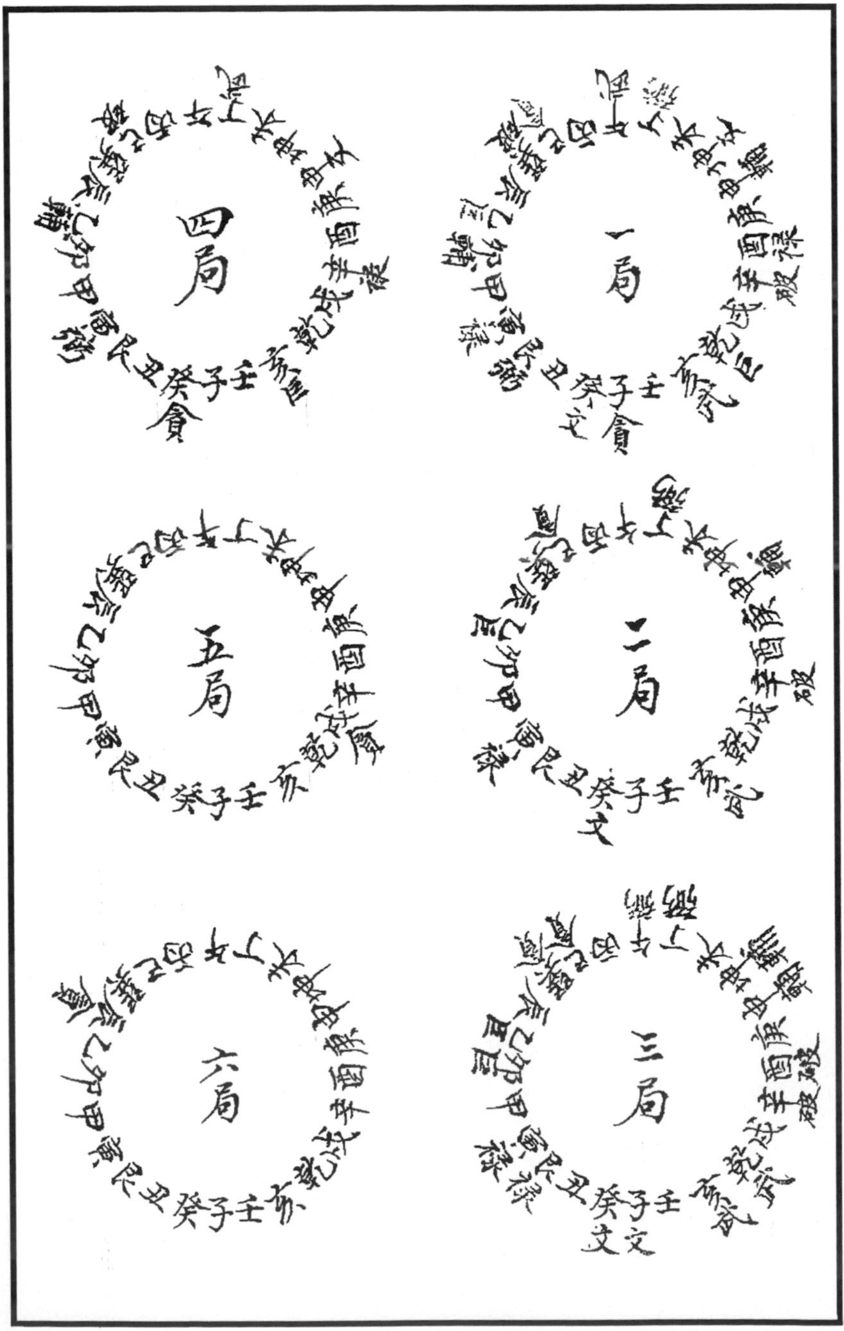
一局
二局
三局
四局
五局
六局

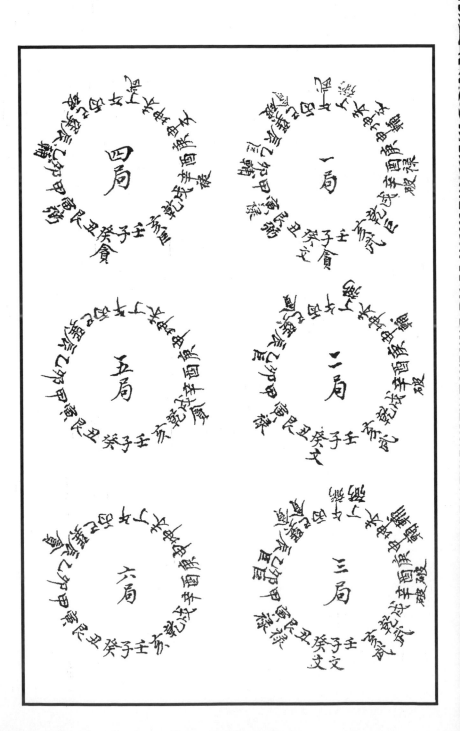

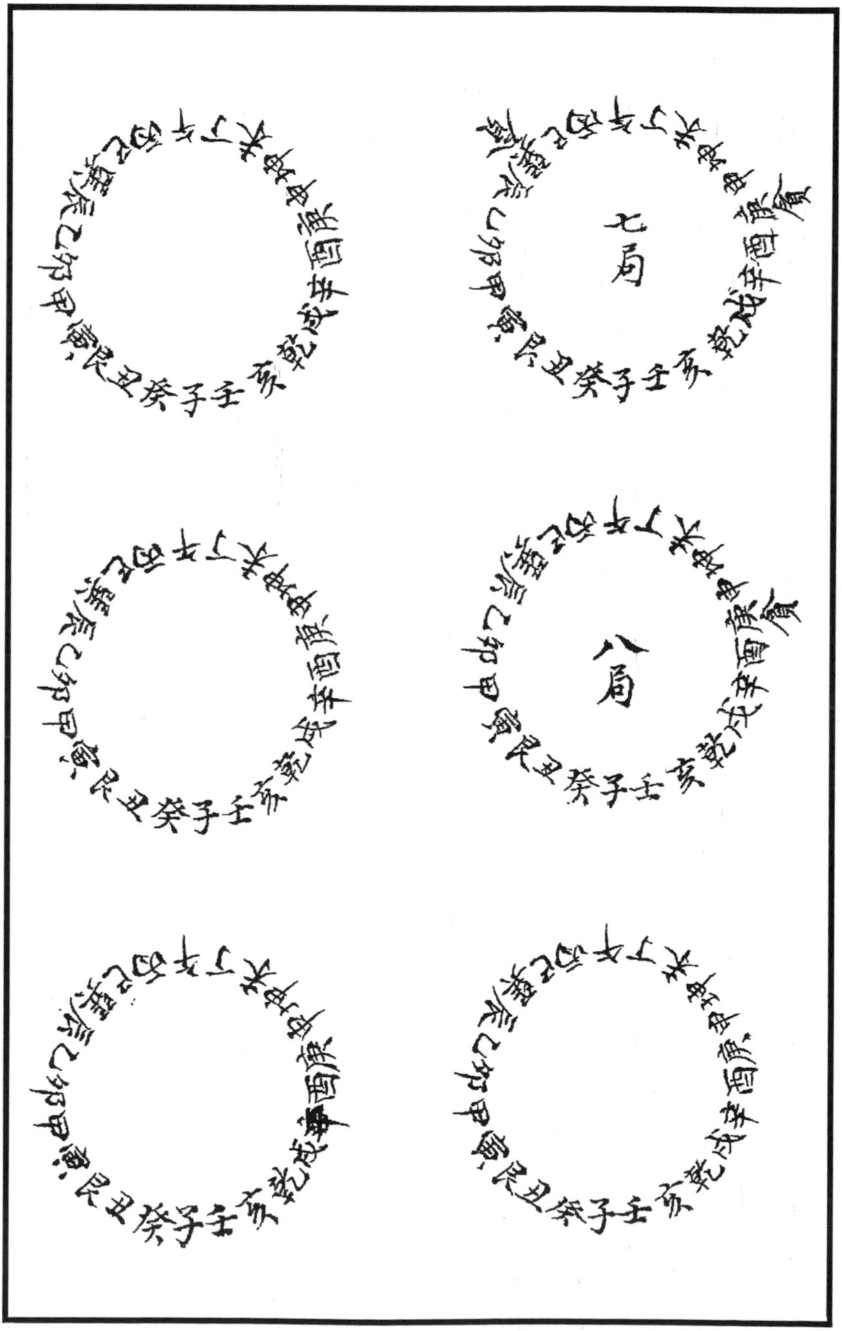
七局
八局

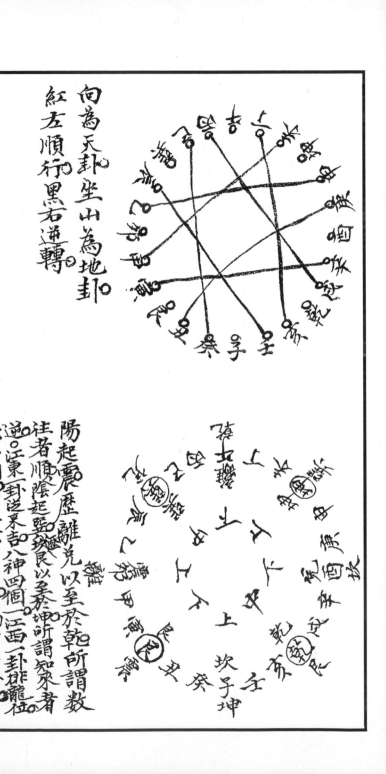

向為天卦坐山為地卦
紅左順行黑右逆轉

陽起震歷離兌以至於乾所謂數往者順陰起巽坎艮以至於坤所謂知來者逆江東一卦從來吉八神四個一江西一卦排龍位八神四個二南北八神共一卦端的應無差

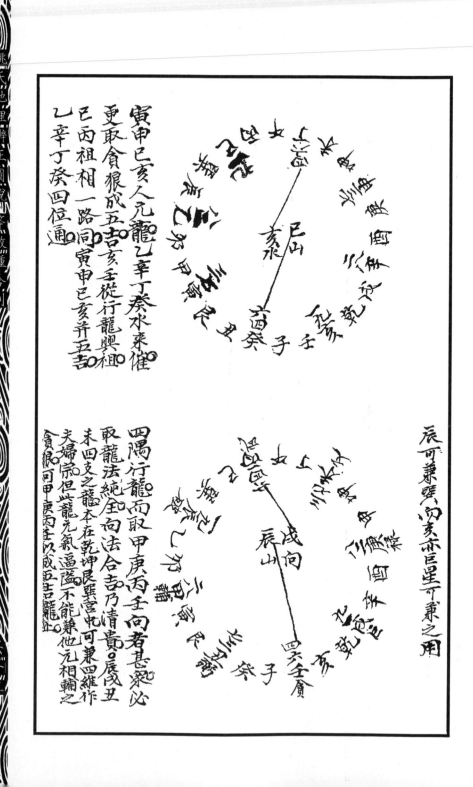

寅申巳亥人元龍。乙辛丁癸水來催。更取貪狼成五吉。亥壬從行龍興祖。巳丙祖相一路同。寅申巳亥并五吉。乙辛丁癸四位通。

辰可兼巽，向戌亦巨星可兼之用

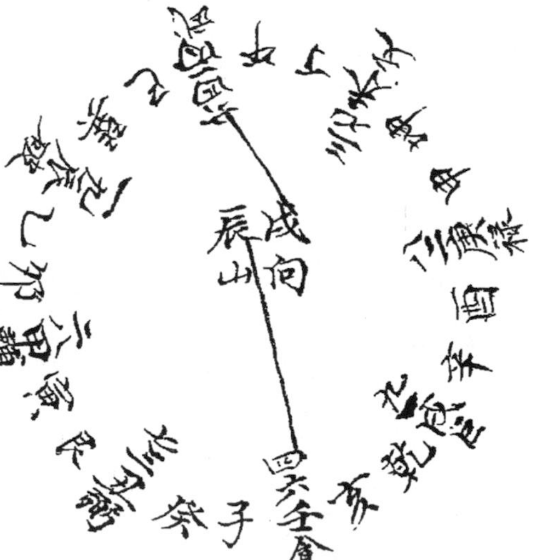

四隅行龍。而取甲庚丙壬向者甚衆。必取龍法純全向法合吉。乃清貴。○辰戌丑未四支之龍。本在乾坤艮巽宮中。可兼四維作夫婦宗。但此龍元氣逼臨。不能兼他元相輔之貪狼同甲庚丙壬以成五吉。○龍止。

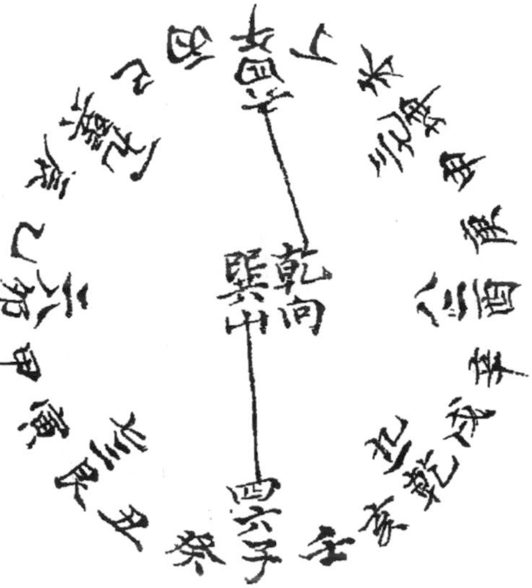

乾坤艮巽四山龍支兼干出最豪雄
寅申巳亥單行脉半吉之時又半凶
坐向子午卯酉倒兼輔而成五吉龍

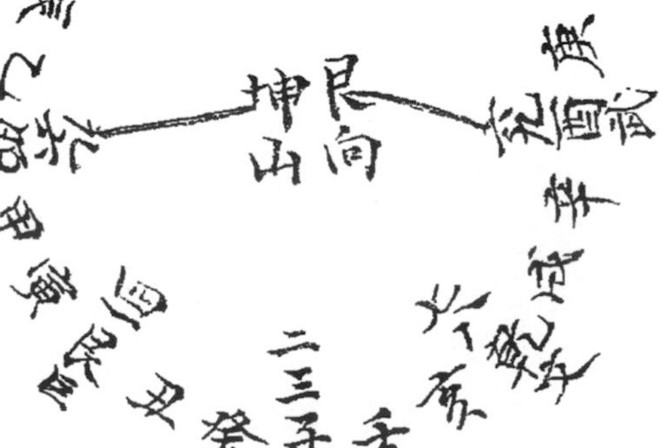

乾坤艮巽四山龍支兼干出最豪雄
此四山長流不襟雜兼支位不出卦
其脉清純故豪雄也
此坤局用艮

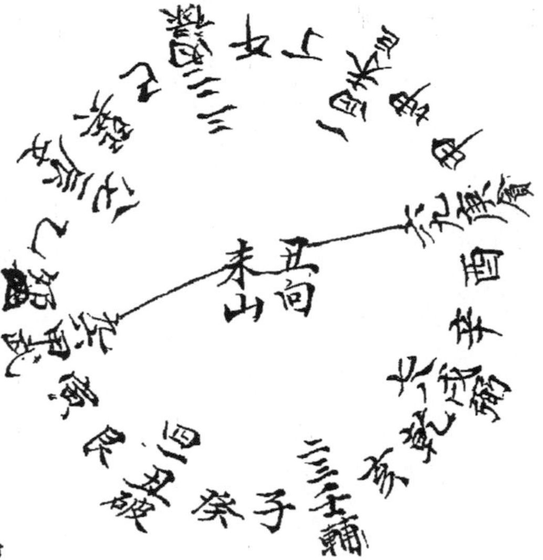

辰戌丑未地元龍。乾坤艮巽夫婦宗。
甲庚丙壬為正向。脉取貪狼護正龍。
○此氣局逼隘不能兼他元為五吉。
止取貪狼一星真脉入穴。護衛正龍。

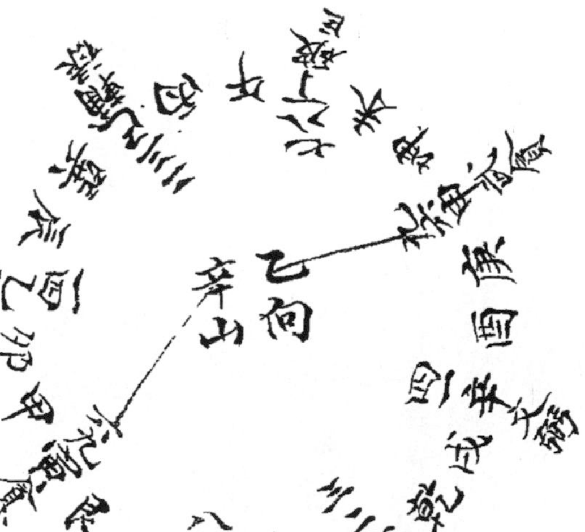

乙辛丁癸。寅申巳亥。俱屬易犯差錯
不可不慎。

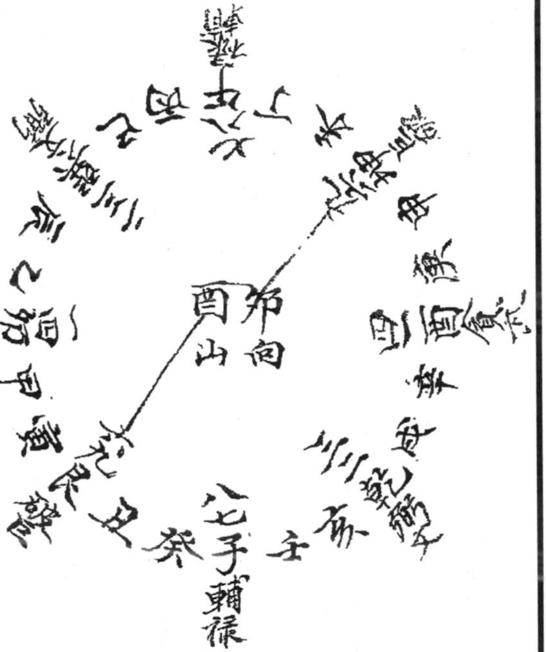

子午卯酉四山龍支兼干出最豪雄
坐對乾坤艮巽宮 硃字酉局星筆卯
局舉一以為例

子午卯酉四山龍支兼干出最豪雄
坐向乾坤艮巽位兼輔而成五吉龍
乙辛丁癸單行脉半吉之時又半凶

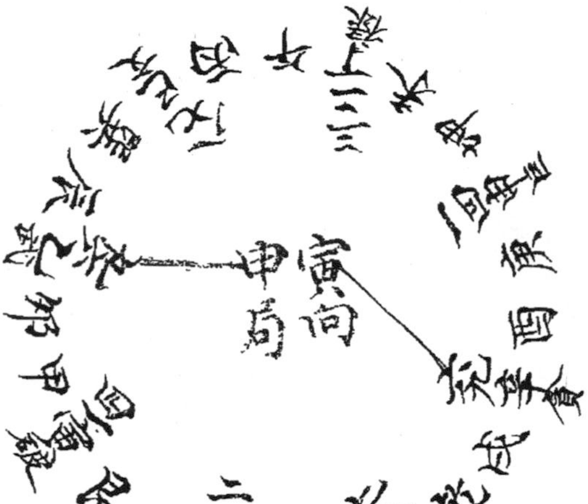

寅申巳亥入元龍乙辛丁癸水來催更取貪狼成五吉寅申坤艮御門開○此宮廣大傍及艮坤亦所不得故曰御門開乙辛丁癸四水有入自艮也

左輔右弼交武皆為吉也此丙向用壬也

是甲局用庚

是丁局用癸

戌向
辰山

寅
申

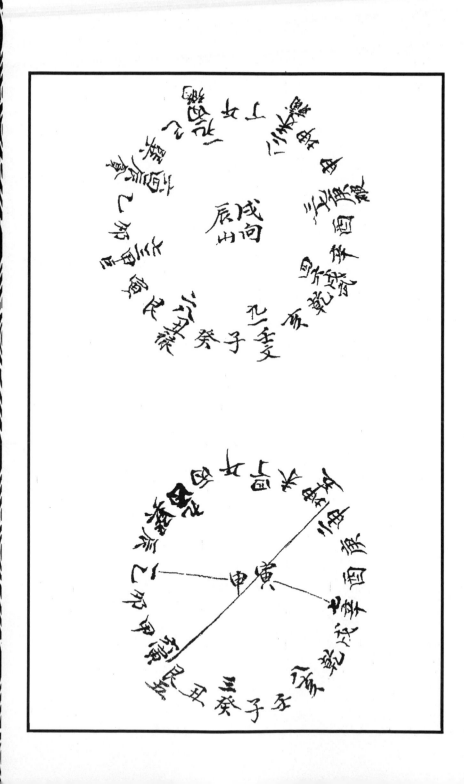

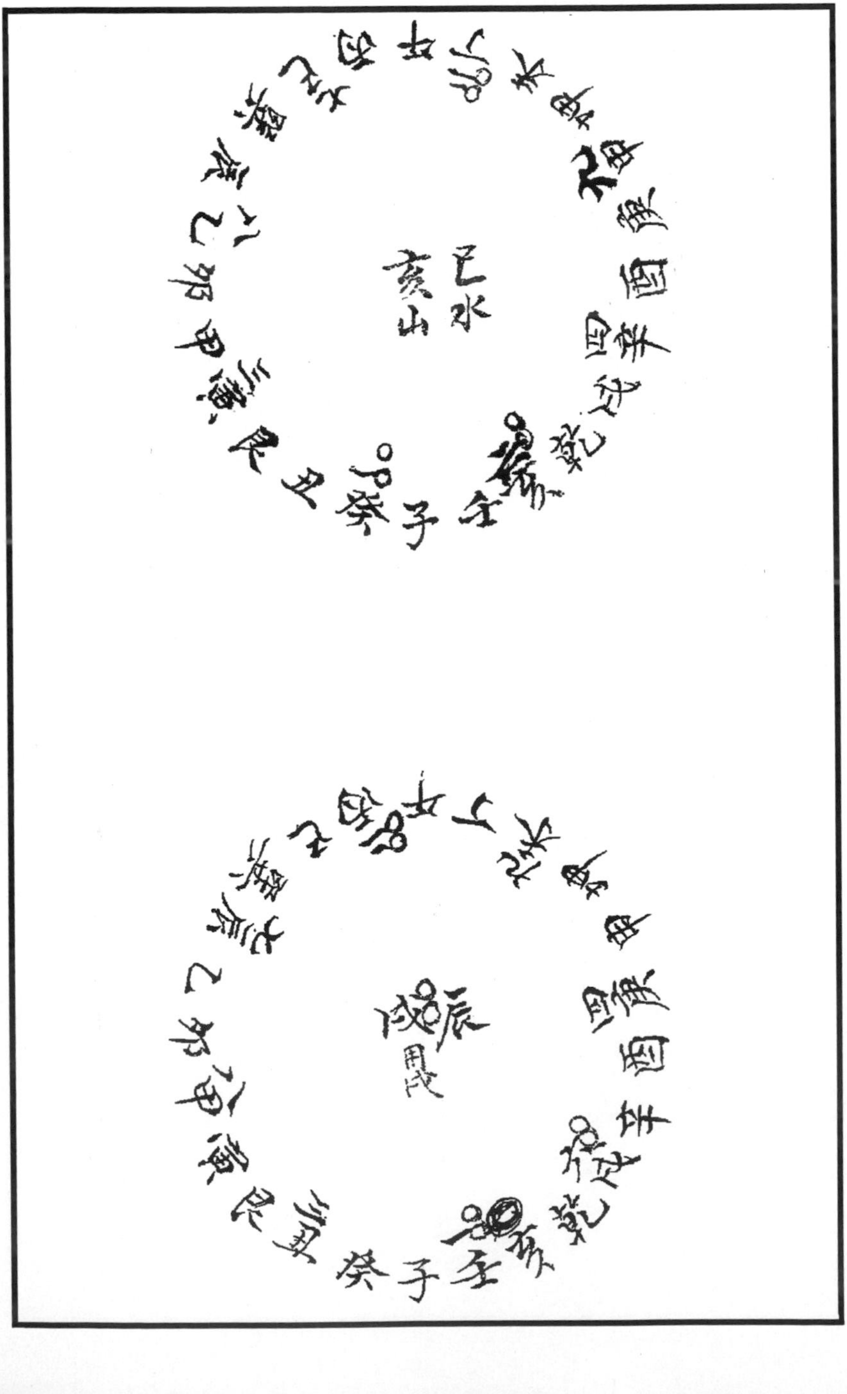
巳水
亥山

丑未

子午

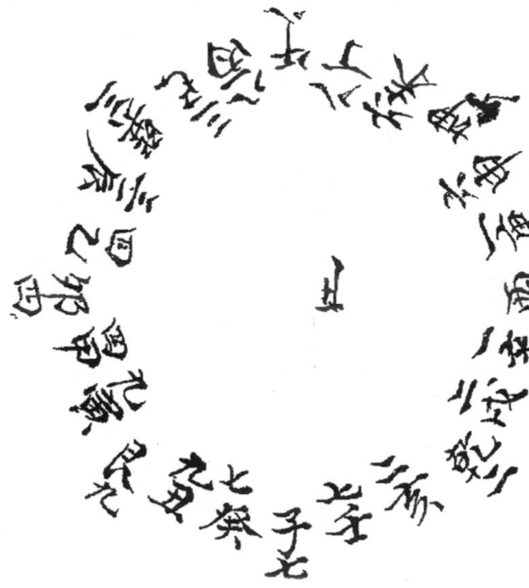

甲庚丙壬順推入卦配出九星圖式

乙辛丁癸是廉貞順推入卦排九星圖

丁辛乙癸寅申巳亥。右陰逆推。配出九星圖式。

乾坤艮巽是廉貞逆推入卦排九星。

子午卯酉乾坤艮巽辰戌丑未。不移本處圖式。

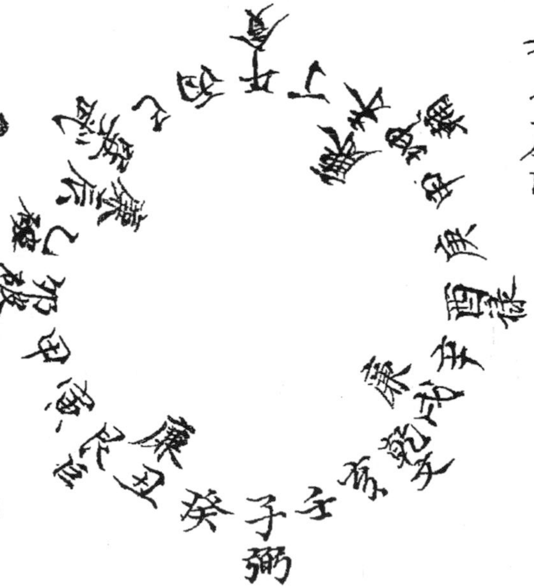

二十四路。貪巨祿文廉武破輔弼祺用倒排而不用順排。秘之秘之。

先天八卦查氣用於穴中

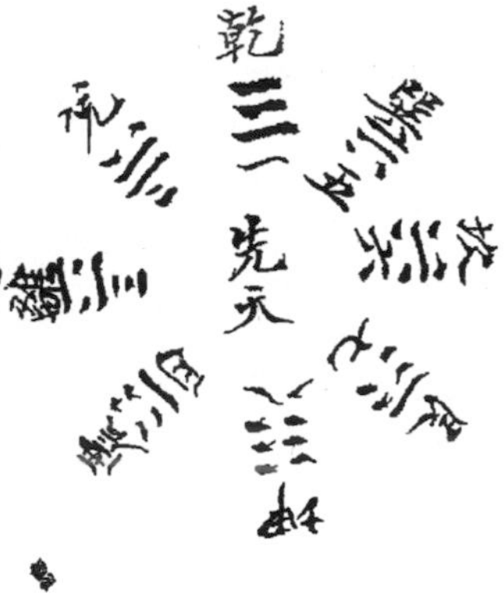

後天八卦看形用於外勢

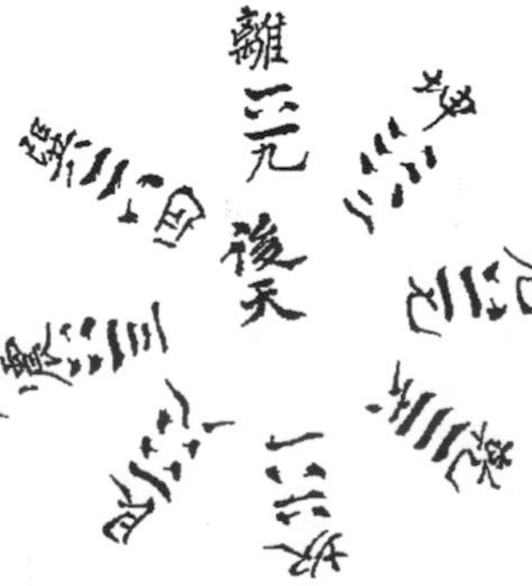

河圖辨陰陽之交媾

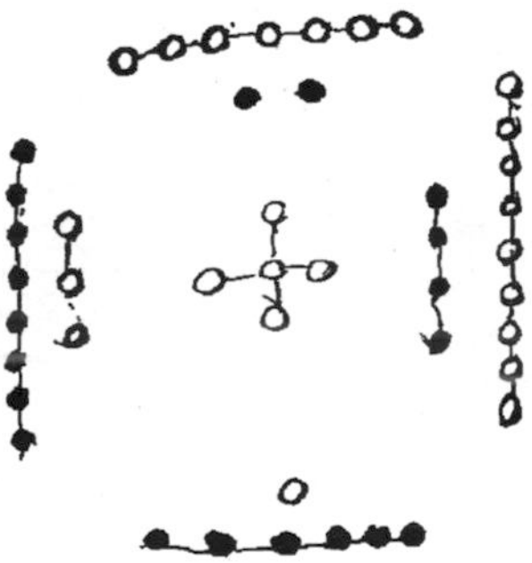

洛書審甲運之興衰

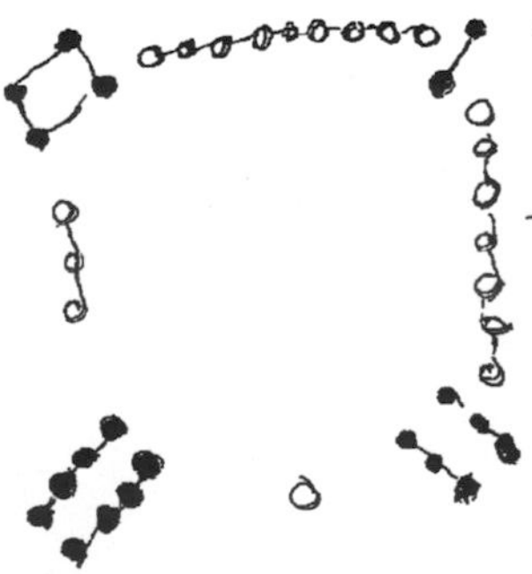

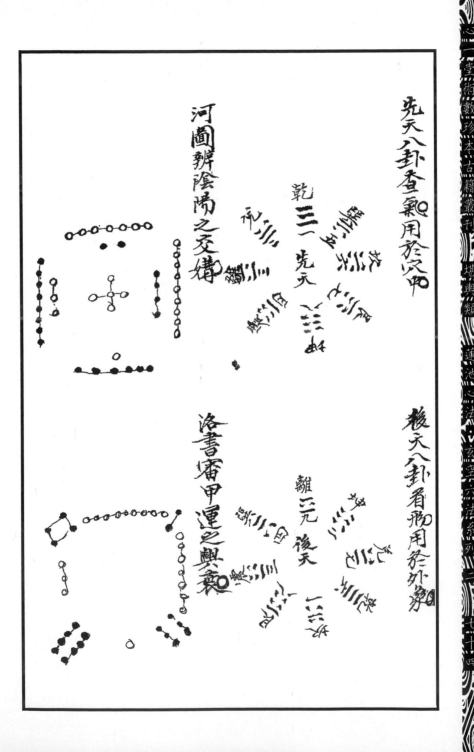

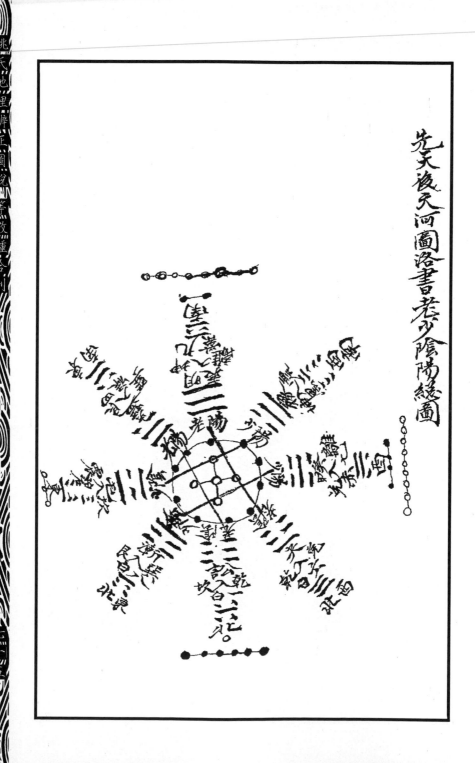

先天後天河圖洛書老少陰陽總圖

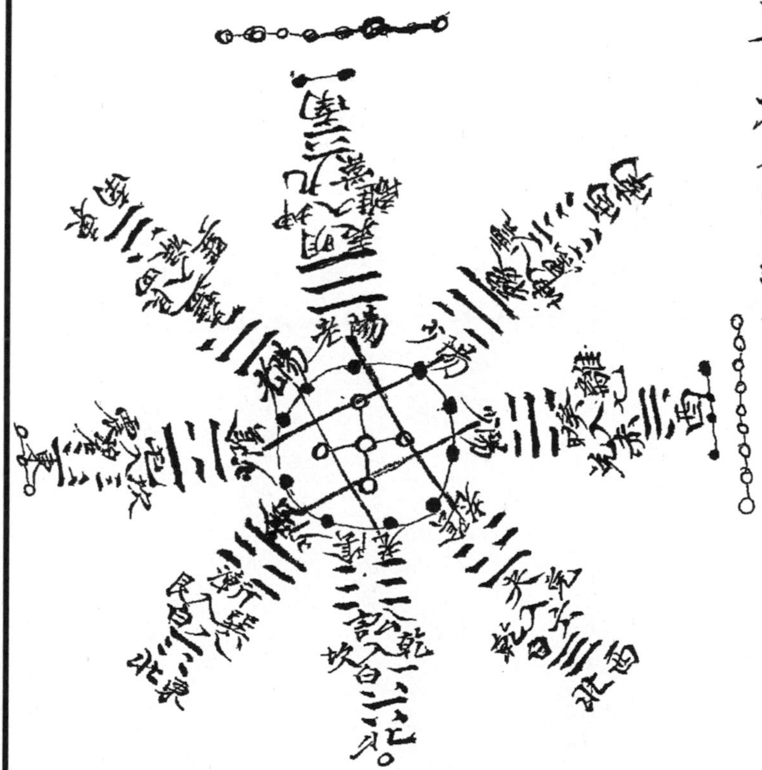

洛書三元九九圖

一　二　三　四　五　六　七　八　九

夫正運一二三四五六七八九數為不易之道。因時以為吉凶。每以當時用事加中順飛。亦以卦例斷吉凶。則外局之砂水朝迎應之。知此以氣運為用也。

天盤主歲干支。地盤龍穴砂水。

三卦者。子午卯酉乾坤艮巽為天元。兼三卦。寅申巳亥乙辛丁癸為人元。兼厶二卦。辰戌丑未甲庚壬癸（丙）為地元。用一卦。

九星

一天樞屬貪狼木。二天璇屬巨門土。三天璣屬祿存土。四天權屬廉貞（文曲水）。五天衡屬廉貞火。六開陽屬武曲金。七搖光屬破軍（單）金。八左輔土（洞明屬）。九右弼金（隱光屬）。

金口翻卦詩例。對待為一。重積為二。二變為三。二三為四。初三為五。三變為六。初

變為七○初二為八○

生物圖

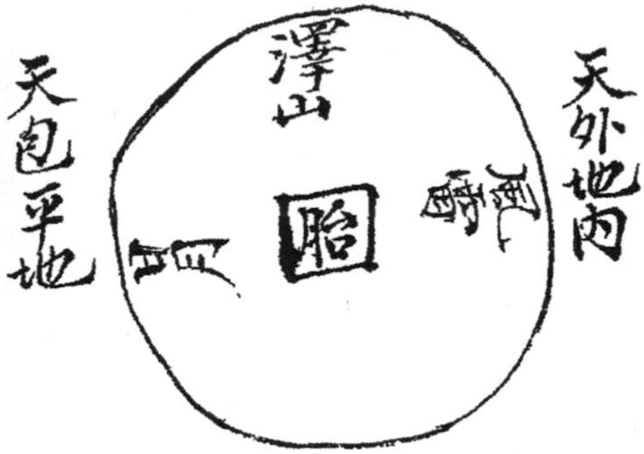

成物圖

風　月　山

天　地

澤　日　雷

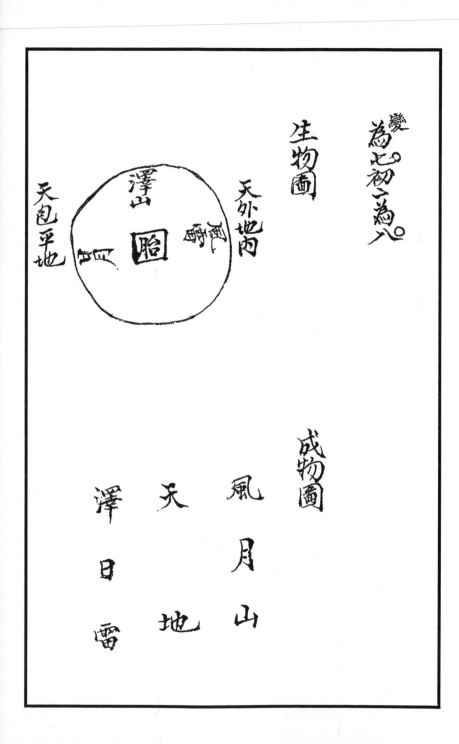

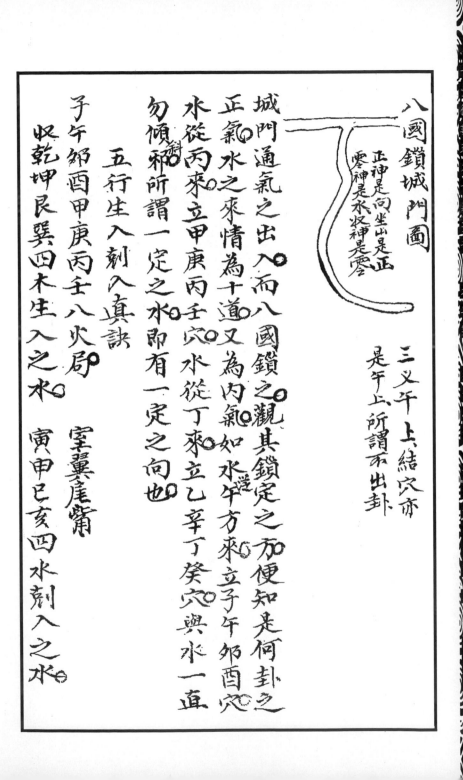

八國鎖城門圖

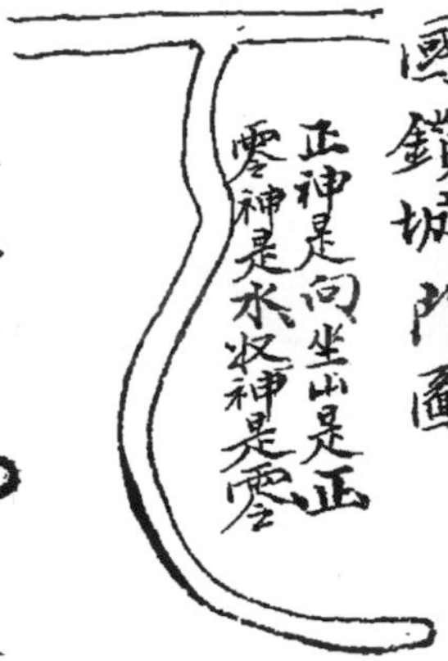

三叉午上結穴亦是午上所謂不出卦

城門通氣之出入而八國鎖之觀其鎖定之方便知是何卦之正氣水之來情為十道又為內氣知水從午方來立子午卯酉穴水從丙來立甲庚丙壬穴水從丁來立乙辛丁癸穴與水一直勿傾稍（斜）所謂一定之水即有一定之向也

五行生入剋入真訣

子午卯酉甲庚丙壬八火局 室翼尾觜

收乾坤艮巽四木生入之水 寅申巳亥四水剋入之水

乾坤艮巽四木局　奎井(木犴)斗角
收寅申巳亥四水生入之水○　辰戌丑未四金剋入之水○
辰戌丑未四金局　亢婁牛鬼
收乙辛丁癸四土生入之水○　子午卯酉甲庚丙壬八火剋入之水○
寅申巳亥四水局○　箕參軫壁
收辰戌丑未四金生入之水○　乙辛丁癸(四土)剋入之水○
乙辛丁癸四土局　氐胃柳女(土蝠)
收子午卯酉甲庚丙壬八火生入之水○　乾坤艮巽四木剋入之水○

此就大概言也○其中二十八宿○每一山之中○五行長短濶狹○或一分○或二分○以至九分十分○不可不知○偏左偏右○兼與不兼○絲毫之間○禍福迴別○似是而非○訣曰○子近癸半屬火○近壬

半屬水。壬近子半屬水。近亥二屬火。亥近壬八屬火。近乾二屬水。乾近亥七屬水。近戌三屬木。戌近乾七屬木。近辛三屬金。辛近戌半屬金。近酉半屬土。酉近辛二屬木。近庚八屬火。庚近酉二屬火。餘八屬水。申近庚三屬火。餘七屬水。坤均屬木。未九屬木一屬金。丁近未二屬金。近午八屬土。午近丁四屬火。近丙六屬水。丙近午屬火。近巳二屬火。巳近丙九屬火。近巽一屬水。巽均屬木。近辰二屬木。八屬金。乙近辰半屬金。近卯半屬土。卯近乙八屬土。近甲二屬火。甲近卯一屬火。餘水屬水。半屬火。寅近甲六屬火。近艮四屬水。艮近寅三屬木。近丑七屬火。丑近艮八屬木。近癸二屬金。癸近丑一屬金。餘屬土。一屬火。凡向上論生入剋入。不在坐山論。青囊云、天上星辰似織羅。水交三八要相過。水出城門須要會。却如湖裡雁交鵞。又曰、生剋須憑五行布。要識天機玄妙處。此之謂也。

五行原位圖

巨門土	破軍金	武曲金
右弼火	廉貞土	貪狼水
文曲木	祿存木	左輔土

五行變化圖

巨門土	破軍金	武曲金
右弼金	廉貞火	貪狼木
文曲水	祿存土	左輔土

天玉內傳江東等卦解

江東一卦。丑辰未戌也。註云卦起於西都。蓋以丑辰未戌之交媾。在壬甲丙庚也。江西一卦。都亥申巳寅也。（卦起於東者）蓋以亥申巳寅之交媾。在癸乙丁辛也。何謂江。壬子癸。甲卯乙。丙午丁。庚酉辛為江。而丑為江之東。亥為江之西。又以子午卯酉為江。而壬為江之西。癸為江之西東所謂江東一卦。卦起於西。江西一卦。卦起於東云。幽八神者。言八卦之中。經四位而起父母也。是壬之於辰也。甲之於未也。父母者。交媾是也。言子午卯酉而乾坤艮巽不外是矣。而南北八卦從可知矣。卦之父母。如坎為坤震之父母。坤為壬乙未申之父母類是也。

四十八局解

天元八局。地元八局。人元八局。共二十四局。更有陰陽出脈放在山上。放在水上。順逆取用。共成四十八局。江南江北即天元。江東即地。元。江西即人。元。一而二。二而一者也。玄空大卦。本是顛倒五行。自大卦祖宗。生子生孫。若無順逆。失玄空顛倒之性。而子孫之五行誤用。與地之龍神難下。即於二十四山分一順一逆。作成四十八局。此局作得何五行。從可知是何五行之龍神矣。然五行有祖宗。祖宗是先天大卦。真陰真陽。能生子生孫以成五行之祖宗。今取其子孫用五行。必先察其祖宗是何五行之祖宗。可知是何子孫。而取用之無不當矣。

子母公孫解

知四正之卦。以地支為主。四維之卦。以維卦為主。四正以八干為輔。四維以八支為輔。主即是母。輔即是子矣。母居生旺。子亦居生旺矣。坤壬乙。巨門從頭出。蓋言坤之父母為巨門。壬乙亦巨門。若來山是坤。壬乙是巨門矣。

城門解

大幹小支。兩水相會。合成三义而出。謂之城門。城門一說。此最切當。不若陰陽動靜即是。又城門即五星。但用一卦法。故註云。

能識城門而後五吉有用。又云城門與龍身出脉是一家骨肉精神貫通。能識城門。乃能觀出脉。分明指出巳亥寅申。必用乙辛丁癸之意。

三元九九說

江東一卦者。即洛書一二三天地生數之卦。八神四個者。言八神經四位而起父母也。自坎至坤。坤至震。各經四位也。一者何此一卦只管一卦之事。不能兼通他卦。蓋洛書一二三四五六七八九者。古今禪代推移。周而復始之象。元運也。一二三之運。不能行乎四五六之元。而七八九之元。更阻於四五六之運矣。一二三之元。只可自行其一二三之運也。甲庚丙壬。未辰丑戌。為正向者。為正配夫婦交媾也。辰戌丑未寄在乾坤艮巽卦內。故曰夫婦宗。

二十四山分金取用

子午卯酉四正卦。前兼乾坤艮巽四維卦。前後兼。甲庚丙壬四陽干。辰戌丑未四墓庫。正出。寅申巳亥四長生。乙辛丁癸四陰干。正出。以父母可兼子息。子息不可兼父母也。若前兼則出卦矣。寅申巳亥。包含濶大。可後兼四維卦。辰戌丑未屬寄宮。可前兼四維卦。○五吉。是貪巨武輔弼。三交。即卦管三山之義。楊公云。三才六建三吉六秀。而將註六建六秀為本卦之二交。而三才三吉從可知矣。建必云六。吉必云三。三三為九。而三吉六建明矣。

生剋章說卦斷語補註 或云吳景鸞著。或云幕講禪師得孫三手云親授 傳於世數從舊坡靈於楊致此書遺自寧波袁氏非尋常比

貞秉入南離○佇見聽堂式煥○龍車朝北闕時開丹詔頻來○全無
生氣入門○糧艱一宿○會有旺星到穴○富積千箱○相剋而有相濟
之功○先天之乾坤大定○相生而有相剋之害○後天之金木交併○
木傷土而金位重〻○禍須有赦○火剋金而水神疊〻○災不能禳○
土涸水而木旺無妨○金伐木而火鎔無忌○制神衰而忌神旺○乃
入室以操戈○凶星旺而吉星衰○直開門而揖盜○層〻剋入○立見
死凶○位〻生來○連添才喜○不剋我而剋我同類○多鰥寡孤獨之
人○不生我而生我家人○出俊秀聰明之子○為父所剋○男不招兒○
被母所傷○女難得嗣○後人不肖○因生方之反背無情○賢嗣成家○
必生方之端方朝揖○我剋彼而竟遭其辱○因財帛以傷身○我生
之而反得其殃○為産難以致死○腹多水而臌脹○足見金而蹣跚○

巽宮水路纏乾。為吊梁之厄。兌位明堂破震。主吐血之災。風行地而硬直難當。室有欺姑之婦。火燒天而張牙相鬭。室有罵父之兒。兩局相關。必生孽子。孤龍單結。定有獨夫。坎宮高塞而耳聾。離位星填而目瞽。兌缺陷而唇亡齒落。艮傷殘而臂折筋枯。山地被風吹。還生瘋疾。風雷因金兔。定主刀兵。家有少亡。只為沖殘子息卦。庭無壽考。多因財破父母交。漏道在坎宮。遺精瀉血。破軍居巽位。癲疾瘋狂。開口筆插於離方。必落孫山之外。離鄉破（砂）飛於艮位。定亡驛路之中。金水多情。貪花戀酒。木金相反。背義忘恩。震庚合局。文臣而兼武職之權。丁丙相朝。貴客而有耄耋之壽。天市合艮（艮或作丙）坤。富堪敵國。離壬逢子癸。喜產多男。四生有合人文旺。四旺無破田宅饒。丑未換局而出僧尼。震巽失宮

而生賊卯南離北坎立柱中天長庚啟明交戰四國健而動順而動動非佳兆止而靜順而靜靜無不宜

翻卦圖

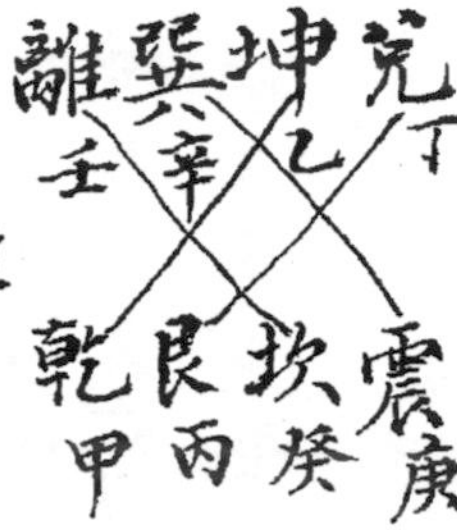

離局

父母交歡子女繼宗行行相比位位相從顛倒錯亂不同而同貪廉巨文祿武破輔弼

向與水一直勿輕葬處三面俱勻自可

耳長即寶照經曰直[illegible]即對堂是也係先天向法三星後必同葬處兩面俱勻合生中男來水必照坤上若三面寬大必在甲上若照在丁未庚上減福力矣去水必照巽震上若在乙辰上減福力矣

巽局

兌貪　坤祿　巽廉　離破
震巨　坎文　艮武　乾弼

震局

兌武　坤弼　巽巨　離文
震廉　坎破　艮貪　乾祿

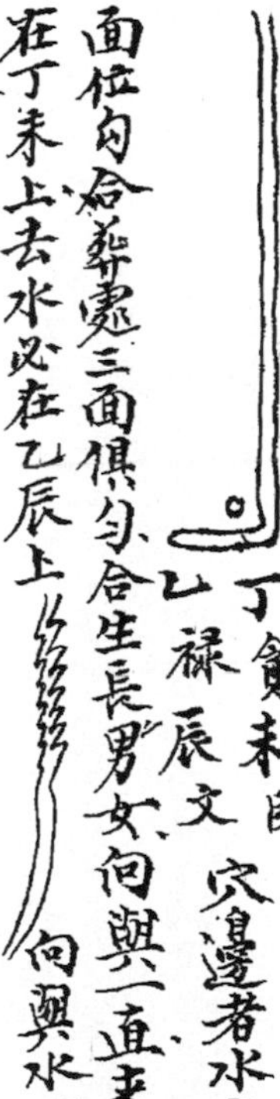

丁貪　未巨
乙祿　辰文

向與水一直有曲

穴邊者水上同看若面位向合葬處三面俱匀合生長男女向與一直來水必照在丁未上去水必在乙辰上更勝

穴倚西水生長男女來水必照在丁未上

此與上圖式

丁武　寅文
甲祿　癸破

此水可用亦爲長男之局來水必照在丁未上去水必照在寅甲上或癸上

坤弼　寅文

此水可用葬處三面俱匀合長男男女來水必照在坤上去水必照在寅甲上

艮局

兌巨　坤文　巽武　離弼

震貪　坎祿　艮廉　乾破

兌局

兌廉　坤破　巽貪　離祿

震武　坎弼　艮巨　乾文

以上諸局午水為上丁水次之丁來主速發

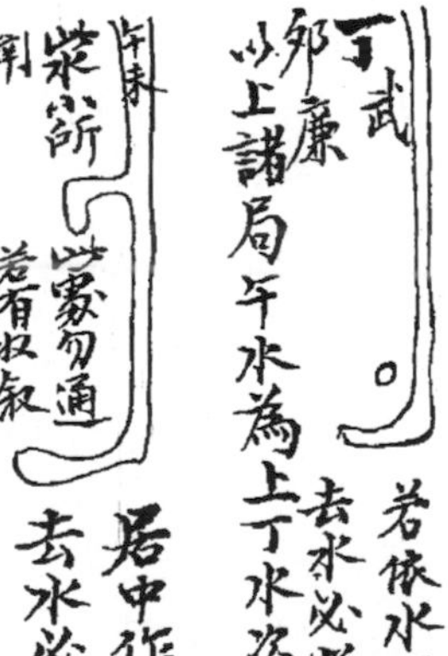

若依水作穴合生長男來水必照坤丁上去水

去水必照在卯上

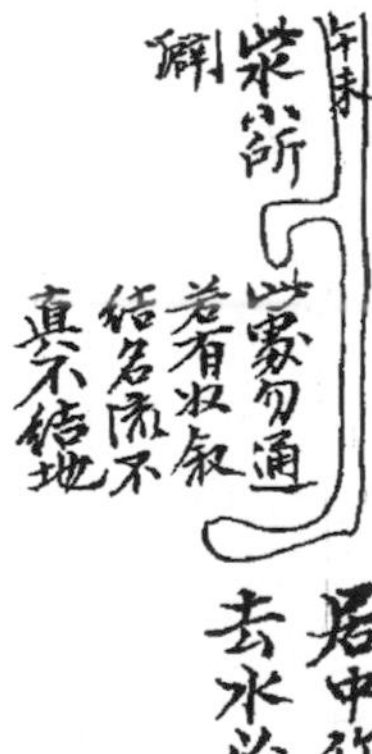

居中作穴合應少男來水必照在丁未上

去水必在甲上向與水一直

其此傍下小水作穴合生少男來水必照在申上去水若在穴上不合法則減福力矣寶照經曰乙字水纏在穴前下砂收鎖穴天然當中九曲朝入穴低揚潴穴蓄斗糧金穴

若有叙去不結地

兌弼　坤武　巽文　離巨

坎局

震破　坎廉　艮祿　乾貪

其此近前小水作穴合生中男來水必照坤上去水必在艮上

池沼或三四畝或斜或方或圓于中作穴合生長男坤上進水長水有勾水合生長女未上進水必結

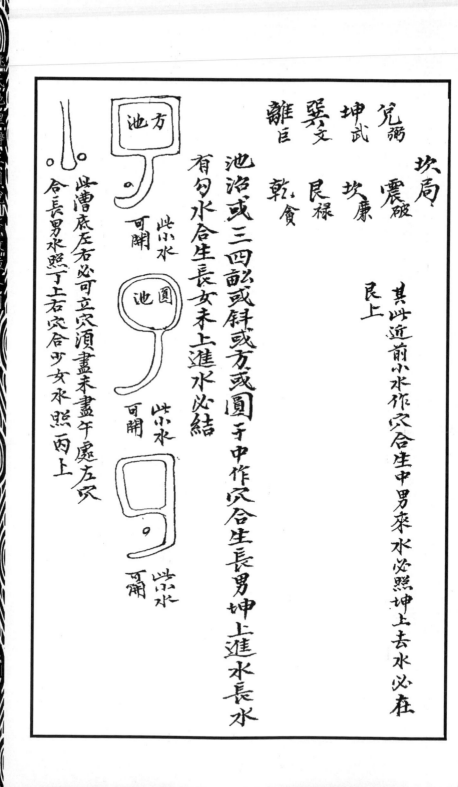

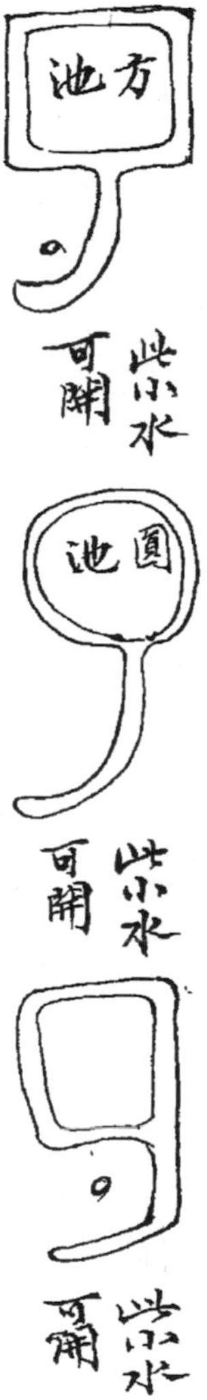

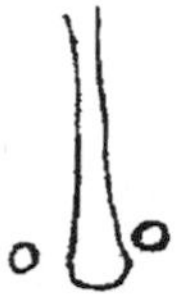

此漕底左右必可立穴須盡未盡午處左穴合長男水照丁上右穴合少女水照丙上

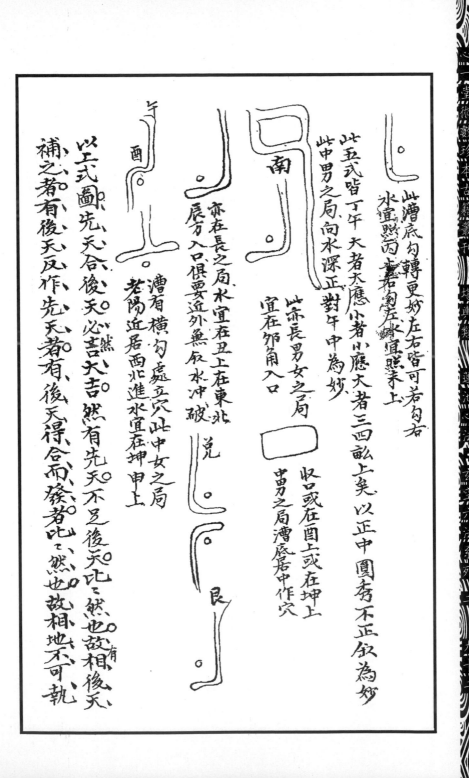

此漕底勾轉更妙左右皆可若勾右
水宜照丙上若勾左水宜照未上

此五式皆丁午 大者大應小者小應大者三四畝上矣 以正中圓秀不正亦為妙
此中男之局向水深正對午中為妙

此亦長男女之局
宜在卯角入口

收口或在酉上或在坤上
中男之局漕底居中作穴

亦在長之局水宜在丑上在東北
辰方入口俱要近外無叙水冲破

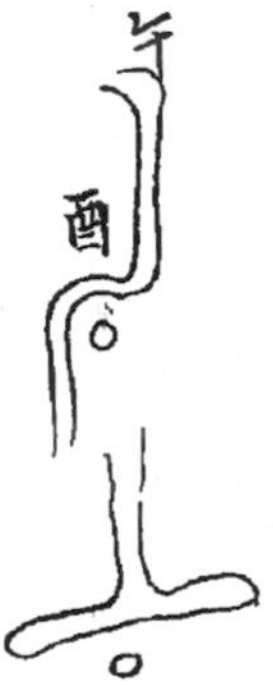

漕有横勾處立穴此中女之局
老陽近居西北進水宜在坤申上

以上式圖先天合後天必然吉大吉然有先天不足後天比比然也故相後天補之者有後天反作先天者有後天得合而發者比比然也故相地不可執

〇一宜就地而栽成為要〇青囊經曰〇宜（直）待高人施妙用〇此之謂也〇予既剖析以明〇發前人所未發〇得此訣者〇毋輕洩以犯造化之忌〇以上語句圖式字畫俱多舛誤〇姑照舊本錄之〇缺其疑以備參攷〇

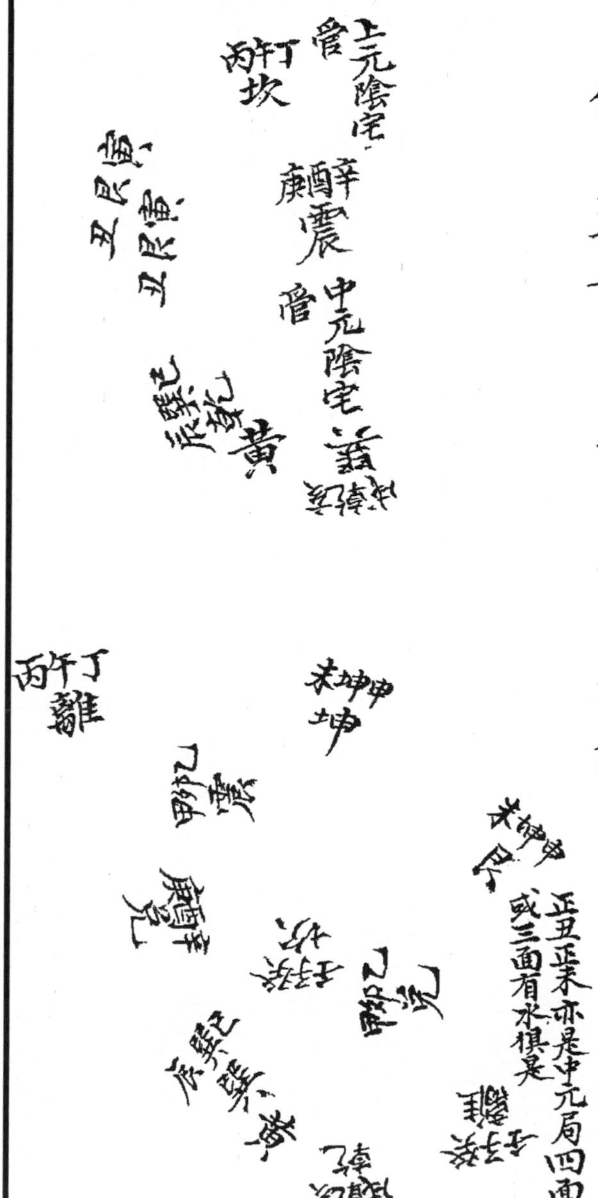

上元陽宅。開坤坎震三方吉門。離兑艮方。斷不可開。壬子收亦如陰宅。中元

巽門乾門及辰戌丑未。並吉。下元離門兑艮門吉。坎坤震水照亦利。

一地二門三衢四嶠五空隅陽宅總要。又云衰旺方要實。旺方要空。此上疑有誤、

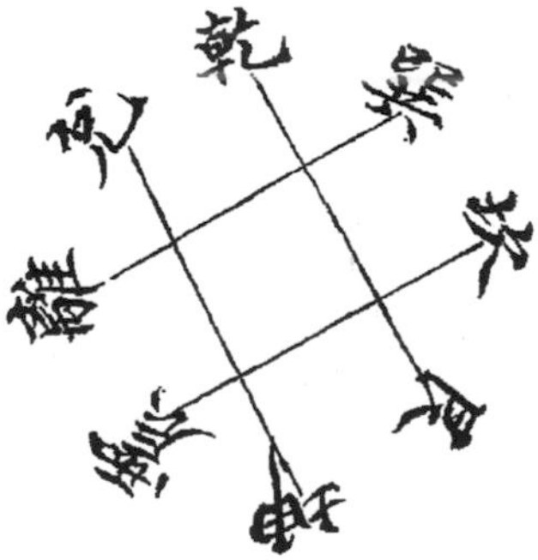

江南龍來江北望

江西龍去望江東

坤壬乙。巨門從頭出。上元艮丙辛。位位是破軍。下元巽辰亥。盡是武曲位。中元辰戌丑未。寄於三元之內。不能自為禍福。辰寄於巽。戌寄於乾。丑寄於艮。未寄於坤。兼來內則數中元。餘可類推。

以離逢震巽○艮兌合乾坤七解世可知

四維乾甲艮丙巽辛坤乙四正坎癸申辰震庚亥未離壬寅戌兌丁巳丑

一二六八吉○三四五七凶○貪一廉五武六文四祿三巨二破七輔八弼九○坎從午

丑○離以子卯坎癸之山○忌在丙丁○巽逢戌亥○乾在巳真○坤艮互主○切雜寅申○未在

所忌○丑不嫌寅○兌卯震酉○切勿悞姻○兩宮得意○甲乙庚辛○

鎮土靈符

大石一塊硃砂書符、即于病人之道地中、先放五穀一撮、符石鎮上即安、

防壙靈符

用方磚一塊或大磚執一塊、摩光硃砂寫上、背後寫長命富貴四字、藏壽壙中間

符下用太極先天八卦、

地理九星併挨星眞訣全圖

無名氏傳錄

四正

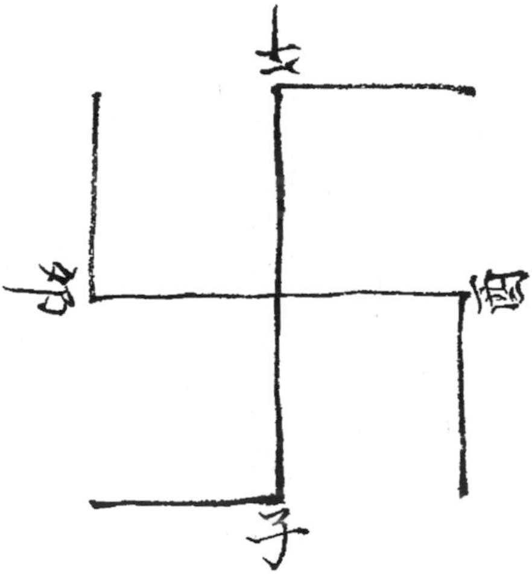

四維

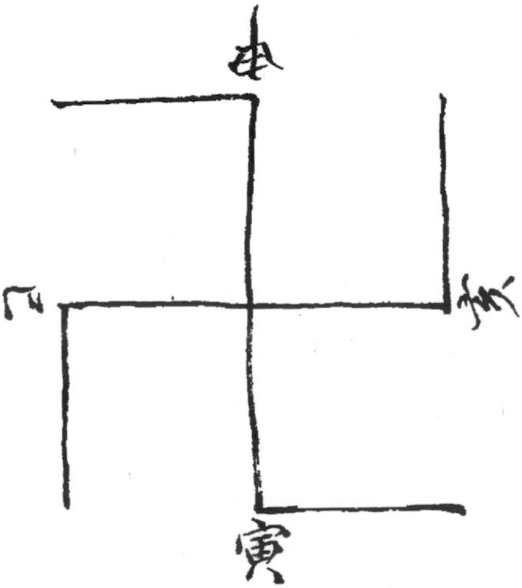

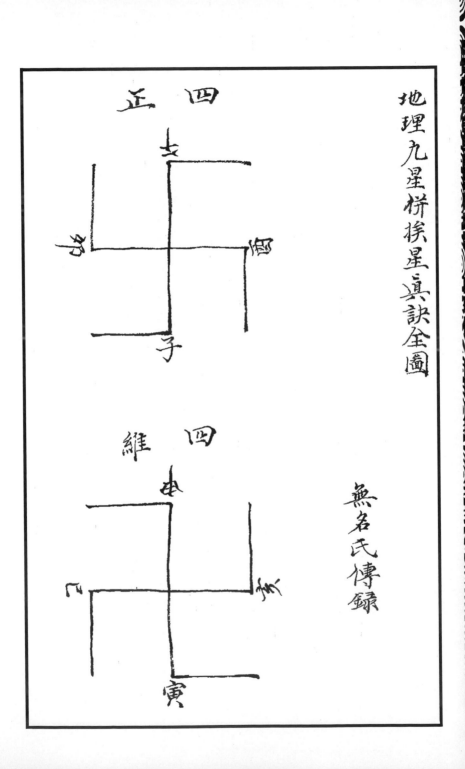

第一盤古地盤圖

申九　酉四　亥六
午七　辰戌五　丑未十　子一
巳二　卯八　寅三

第二盤天干四維圖

辛四　庚九　癸六
丙七　乾巽五　艮坤十　壬一
丁二　甲三　乙八

第三盤二十四位圖

申坤未二　庚酉辛七　戌乾亥六
丁午丙九　戊己天地十五　壬子癸一
巳巽辰四　乙卯甲三　丑艮寅八

第一盤圖古地盤。第二盤圖天干四維。第三盤圖始成二十四位。即一生二。二生三。三生萬物。是谷關。山管山。水管水。山是陰陽不待言之謂也。其致用之法。皆以河圖為體。洛書為用。此所謂體十用九之法。即三卦之根源也。一支盤二千盤。即一生二。并之得二十四山。即二生三。以二十四山分為姓三卦。即三生萬物也。以洛書之數除中五為皇極。其餘四十之數。均分於八方。各得五數。即是卦之魂也。五戊十己。卦之父母也。考之合五之理。金四水一為一家。合五。木八火七為一家。合十五。冥符丹家所謂龍虎汞鉛黃婆之妙也。

天元圖

坤二 酉七 乾六

午九 子一

巽四 卯三 艮八

地元圖

未二 庚七 戌六

丙九 壬一

辰四 甲三 丑八

人元圖

申二 辛七 亥六

丁九 癸一

巳四 乙三 寅八

天元子午卯酉之支盤交干盤乾坤艮巽之中氣。為夫婦相配。即天交地也。地元壬丙甲庚之干盤。交支盤辰戌丑未之中氣。為夫婦相配。即地交天也。人元用干盤癸丁乙辛為四正。配支盤寅申巳亥為四隅。陰陽正配。成其夫婦。即人居天地之中。戴天履地之義也。三卦無五十之土。所以立局必重於合五。合五者卦之魂也。十者卦之魂也。戊者卦之爻也。己者卦之母也。戊己者即水火之精。化而為日月。則有陽往陰來。輪轉出入更卷舒。易進易退屈伸之妙。地道法天。用之則靈。舍之則塞。

八四三　四九八　三八七
六②七　二⑦三　一⑥二
一九五　六五一　五四九
六二一　二七六　七三二
四⑨五　九⑤一　五①六
八七三　四三八　九八四
一六五　九五四　五一九
八④九　七③八　三⑧四
三二七　二一六　七六二

龍墀午、帝座子、寶蓋坤、
鳳閣艮、寶殿巽、龍樓乾、
天罡辰、天吊丑、天刼戌、
天煞未、金枝巳、玉葉亥、
金箱寅、玉印申、
以江東卦用離九立向。江
西卦用坎一立向。其八卦
之催官水。皆用四維也。

坎離水火中天過。龍墀移帝座。寶蓋飛鳳閣四維張。寶殿登龍樓。罡及[illegible]

煞林犯着四墓多銷鑠。金枝玉葉四孟裝。金箱玉印藏。即此圖也。此圖即合奇門之九宮也。

天星

輔	弼	貪
破	廉	巨
武	文	祿

巨	貪	弼
祿	廉	輔
文	武	破

貪	巨	祿
弼	廉	文
輔	破	武

文	祿	巨
武	廉	貪
破	輔	弼

兌 四 巽 祿	乾 九 離 紫	巽 二 坤 里
離 三 震 碧	廉 五 黃	坎 七 兌 赤
震 八 艮 白	坤 一 坎 白	艮 六 乾 白

破	武	文
輔	廉	巨
弼	貪	祿

武	破	輔
文	廉	弼
祿	巨	貪

破	武	文
輔	廉	祿
弼	貪	巨

祿	文	武
巨	廉	破
貪	弼	輔

干維乾艮巽坤壬。陽星順輪支辰坎震離兌癸。陰卦逆行取分陰陽歸兩路。順逆推排去。知生知死亦知貧。留取教兒孫。即此圖也。○何以獨取破軍為向。破軍者。即斗柄搖光一星也。斗柄指艮。萬物皆春。斗柄指申。萬物皆秋。斗柄所指之方。天氣隨之。葬家亦隨之。即秉時之妙用也。○此圖即合奇門之八門也。

[redacted]

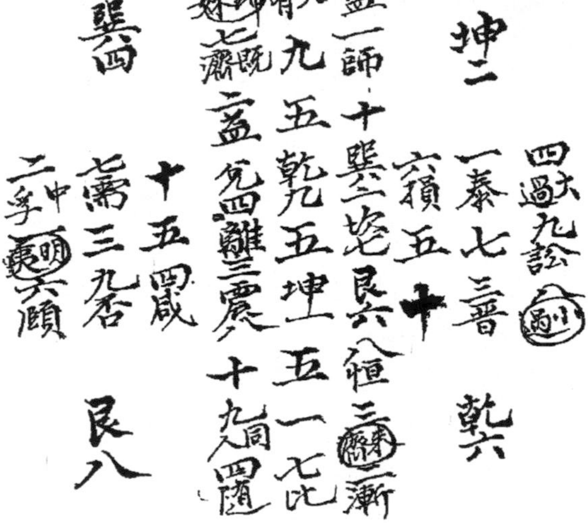

天一圖総数得四百十九。其零数

即零神之水。除十五之空数(得三十四。)即正

神之向中。一即龍空位之六。即催

官水也。五位是水。十位是向。縱横

得三。以下倣此而推。天三圖総

数得四十七。除十五空数得三十

二。中三空。八。縱横得九。天七圖

総数得五十三。除十五空数得三十

八。中七空。二。縱横得一。天九圖総

数得五十一。除十五實(空)数得三十六。中

九實(空)四。縱横得九。

地二圖總数得四十八除十五實数得三十三○中二空七○縱横得六○地四圖總数得四十六○除十五空数得三十一○中四空九○縱横得二○地六圖總数得五十四○除十五空数得三十九○中六空一○縱横得八○地八圖總数得五十二○除十五空数得三十七○中八空三○縱横得四○地十圖無空位其卦位自相對待雙雙交媾即中黃運中之四六雙關局也○

九姤四困三旅
六大畜二豫
一臨十五
兌七
離九
一升蒙五
八大壯四十
三睽二家人屯
七井二渙一謙
四巽十六剝
九履豐三噬嗑
震三
三鼎八解蹇
十六二觀
五四革九无妄
坎一
五十九遯
二小畜八四萃
七節六賁一復

以太歲紫白入中宮飛佈逢五十六空位之方運吉則吉運凶則凶如逢

静位之年。陽歲以天五為用。陰年以地十為用。此先天八卦方位。如以日月星辰水火土石之用。證之吞空五行。却妙符陰陽交媾。吞數相通之理。其致用之法。乾一兌二。居四九之位。為太陽。艮七坤八。居一六之位。為太陰。離三震四。居三八之位。為少陽。巽五坎六。居二七之位。為少陽。此以八卦分於生成之位。至于日月居於四九星辰居於三八水火居於一六土石居於二七此以日月星辰水火土石分於八卦故其妙合吞空之理。以日配火。以月配水。以星配石。以辰配土。此陰陽一氣相感相應之理。已顯象於星極。先天之圖。可見吞空之妙。無往不合矣。以洛書之數。分天地四象。天四象得三個。八地四象得二個。八即陰偶陽竒之理。併之合中五之數。所以平洋水龍山向必用合五之法。乃天地交媾之道也。太陽之火為陽火。有形之火為陰火。太陰之水為陽水。有形之水為陰水。星隕為石。星為陽而石為陰。天之無星處曰辰。即天之土也。所以辰為陽而土為陰也。

輔	文	武	破	巨	彌	武	巨	文
破	彌	巨	輔	武	文	廉	破	彌
祿	廉	貪	祿	貪	廉	貪	祿	輔
破	祿	廉	彌	廉	破	彌	文	巨
武	輔	貪	輔	貪	祿	貪	輔	武
巨	文	彌	文	武	巨	廉	祿	破
輔	祿	貪	廉	貪	祿	貪	廉	祿
彌	破	廉	文	武	輔	巨	彌	破
文	巨	武	彌	巨	破	武	文	輔

地四象得十六數
天四象得二十四數

貪一巨二祿三文四廉五武六破七輔八彌九。一三五七九。天之陽數。二四六八十。地之陰數。廉貞乃天之中數。武曲乃地之中數。天五地六。乃天地之中。所以高必取午中。一二三四。順起貪狼。逢廉貞值向。六七八九。逆起貪狼。逢廉貞值向。乃陽局之一起。一二三四。逆起貪狼。遇武曲值向。六七八九。順起貪狼。遇武曲值向。乃陰局之一起。

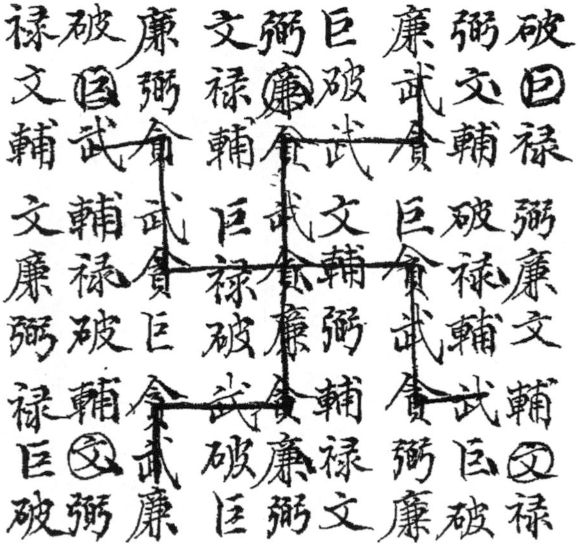

巨破武　弼廉貪　文祿輔
輔祿文　貪廉弼　武破巨

觀此兩圖。可知吞空大卦挨星妙用之法盡矣。其妙用在於中五。細細推詳。自有一種神明不測之妙。可見中之一字。其用不窮亦著也。

右二圖皆用來水方起貪狼。前圖先順後逆。用廉貞立向。猶天道之起冬至也。後圖先逆後順。用武曲立向。猶地道之起夏至也。以地道合天道。未嘗不同耳。

第一層天地定位
第二層山澤通氣
第三層水火旣濟
第四層雷風相薄

否遯訟姤无妄同人履乾
萃咸困大過隨 革兌夬
晉旅未濟鼎噬嗑離睽大有
豫小過解恆● 震豐歸妹大壯
觀漸渙巽、益 家人中孚小畜
比蹇坎井屯既濟 節需
剝艮蒙蠱頤賁 損 大畜
坤謙師升復明夷臨 泰

此古本老圖今雖以上圖正之古本或有其理姑存錄之以備攷証

上元甲子起一白。中元甲子起巽。下元甲子起七赤。子午卯酉年正月起八白。辰戌丑未年正月起五黃。寅申巳亥年正月起二黑。皆逆飛入中順行。

坤	申	酉	戌	乾	
未	二	七	六	亥	
午	九	中五	一	子	
巳	四	三	八	丑	
巽	辰	卯	寅	艮	

此古本參差疑其板而不通故以上圖正之仍留錄以資考証

五黃靜居。此圖乃太乙太九宮圖。符合天之陽數二十有五。外層十二支辰加入乾坤艮巽四隅之卦。併之得十六數。合皇極用四象之法。內含九宮。其用不窮。即九宮飛布之根原也。以下八宮。各以一星入中飛輪八宮。其五黃一星。獨鎮中央而不動。此所以為至貴之帝星也。此乃世俗所說五黃訣者。其斯之謂歟。世人但知五黃之值山值向。殊不知五黃靜而不動。全在於歲建運旋而定吉凶耳。天玉經云但看太歲是何神。立地見分明。五歌之歲君流轉運旋。更皆是用五黃以定吉凶之法也。

一白圖局正月起八白

九	五	七
八	一	三
四	六	二

二 先天漸 後天泰

三 先天未濟 後天歸妹

四 先天隨 後天漸

五

六 先天剝 後天訟

七 先天井 後天萃

八 先天豐 後天頤

九 先天履 後天鼎

上元 甲子 癸酉 壬午 辛卯 庚子 己酉 戊午

中元 丁卯 丙子 乙酉 甲午 癸卯 壬子 辛酉

下元 庚午 己卯 戊子 丁酉 丙午 乙卯

上元甲子康熙四十二年

八二黑圖局正月起二黑

一	六	八
九	二	四
五	七	三

三 先天旅 後天大壯

四 先天困 後天中孚

五

六 先天大畜 後天同人

七 先天井比 後天萃困

八 先天恒 後天剝

九 先天同人 後天噬嗑

一 先天臨 後天井

上元 壬申 辛巳 庚寅 己亥
戊申 丁巳

中元 丙寅 乙亥 甲申 癸巳
壬寅 辛亥 庚申

下元 己巳 戊寅 丁亥 丙申
乙巳 甲寅 癸亥

三碧圖局正月起五黃

二	七	九
一	三	五
六	八	四

四 先天咸 後天小畜
五
六 先天頤 後天遯
七 先天需 後天革
八 先天豫 後天蒙
九 先天姤 後天晉
一 先天明夷 後天屯
二 先天中孚 後天井

上元 辛未 庚辰 己丑 戊戌
丁未 丙辰

中元 乙丑 甲戌 癸未 壬辰
辛丑 庚戌 己未

下元 戊辰 丁丑 丙戌 乙未
甲辰 癸丑 壬戌

四緑圖局正月起八白

三	八	一
二	四	六
七	九	五

五
六 先天蒙 後天履
七 先天屯 後天咸
八 先天大壯 後天賁
九 先天否 後天未濟
一 先天升 後天比
二 先天家人 後天復
三 先天睽 後天恒

上元 庚午 己卯 戊子 丁酉
丙午 乙卯
中元 甲子 癸酉 壬午 辛卯
庚子 己酉 戊午
下元 丁卯 丙子 乙酉 甲午
癸卯 壬子 辛酉

中元甲子乾隆九年
以上四局為江東一卦專取
離九為統龍

五黃圖局正月起二黑

二	七	六
九	五	一
四	三	八

上元己巳　戊寅　丁亥　丙申
乙巳　甲寅　癸亥

中元壬申　辛巳　庚寅　己亥
戊申　丁巳

下元丙寅　乙亥　甲申　癸巳
壬寅　辛亥　庚申

立穴定向皆取五黃所到之方收五黃所到之水以五黃居中為極能剋制八方也故九宮皆以星入中親都五黃為用而五黃以正運則寄旺於丑辰未戌艮坤以五黃入中親都收此六方為用入中者一卦只有一卦通也一卦既已入中人國由之易位落何宮躔於位諸天心一卦是其此以方為用天心十道也亦汪律也

六白圖局正月起五黃

五	一	三
四	六	八
九	二	七

七 先天蹇 後天夬

八 先天解 後天損

九 先天无妄 後天旅

一 先天泰 後天既濟

二 先天觀 後天師

三 先天鼎 後天豫

四 先天革 後天益

五

上元 戊辰 丁丑 丙戌 乙未
甲辰 癸丑 壬戌

中元 辛未 庚辰 己丑 戊戌
丁未 丙辰

下元 乙丑 甲戌 癸未 壬辰
辛丑 庚戌 己未

七赤圖局正月起八白

六	二	四
中五	七	九
一	三	八

八 先天小過 後天大畜

九 先天訟 後天睽

一 先天復 後天蹇

二 先天小畜 後天明夷

三 先天晉 後天解

四 先天大過 後天觀

五

六 先天損 後天姤

上元 丁卯 丙子 乙酉 甲午
癸卯 壬子 辛酉

中元 庚午 己卯 戊子 丁酉
丙午 乙卯

下元 甲子 癸酉 壬午 辛卯
庚子 己酉 戊午

下元甲子嘉慶九年

八白圖局正月起二黑

七	三	五
六	八	一
二	四	九

九 先天遯 後天大有
一 先天師 後天節
二 先天益 後天謙
三 先天大有 後天豐
四 先天萃 後天渙
五
六 先天賁 後天无妄
七 先天節 後天大過

上元 丙寅 乙亥 甲申 癸巳
壬寅 辛亥 庚申
中元 己巳 戊寅 丁亥 丙申
乙巳 甲寅 癸亥
下元 壬申 辛巳 庚寅 己亥
戊申 丁巳

九紫圖局正月起五黃

八	四	六
七	九	二
三	中五	一

一 先天謙 後天需
二 先天渙 後天臨
三 先天噬嗑 後天小過
四 先天夬 後天家人
五
六 先天蠱 後天否
七 先天既濟 後天隨
八 先天歸妹 後天蠱

上元乙丑 甲戌 癸未 壬辰
辛丑 庚戌 己未
中元戊辰 丁丑 丙戌 乙未
甲辰 癸丑 壬戌
下元辛未 庚辰 己丑 戊戌
丁未 丙辰

以上四局為江西一卦專取
坎一局為統龍

八恒艮 四困巽 三旅震
六大畜乾 二坤 七兌
一臨坎 九同人離 五
六蠱 二渙 一謙
四夬 九 五
八歸妹 七既濟 三噬嗑
一升 六蒙 五
八大壯 四 九否
三睽 二家人 七屯

四大過巽 九訟離 八小過艮
二小畜坤 七兌 三晉震
六損乾 五 一復坎
巽二 坎七 艮六
乾九 中五 坤一
兌四 離三 震八
九姤 五 四咸
七需 三 八豫
二中孚 一明夷 六頤

三鼎震 八解艮 七蹇兌
一泰坎 六乾 二觀坤
五 四革巽 九兌離
七井 三未濟 二漸
五 一 六剝
九履 八豐 四隨
五 一師 九遯
三大有 八 四萃
七節 六賁 二益

此兩圖為先天後天兩局。善用五黃者。更能參以先後天卦象斷之。無不中節。雖神藏鬼竄。亦難逃其數也。其法分陰陽。二宅為用。陽宅用先天。陰宅用後天。以歲建入中視其方。或有水路池潭。或有峰巒岩峻。或有橋梁廟宇。或有墩阜大小砂石。以此方之卦斷之。象辭主一年之吉凶。爻

八剝　四中孚　三大壯　四觀　九睽　八大畜　三豫　八損　七夬
六同人　二　七困　二明夷　七　三解　一既濟　六　二師
一升　九噬嗑　五　六姤　五　一蹇　五　四益　九旅
六否　二臨　一需　坤二　兌七　乾六　七萃　三歸妹　二泰
四家人　九　五　離九　中五　坎一　五　一　六訟
八蠱　七隨　三小過　巽四　震三　艮八　九鼎　八頤　四漸
一比　六履　五　九晉　五　四小畜　五　一節　九大有
八賁　四　九未濟　七萃　三　八蒙　三豐　八　四渙
三恒　二復　七咸　二升　一屯　六遯　七大過　六無妄　謙

辭主每月管一爻。總以冬至起算。管內三爻。夏至起算。管外三爻。參以爻辭奇偶。執策斷如鼓應桴。萬不失一。陽宅以六事所占之方。用一卦象爻辭斷之。但用立春起初爻。月建同。然用周易爻辭。必須活潑。不可拘執。只有快刀劈竹。應刃而解之妙。先後天圖。以硃所圈之卦。即是合空大卦。故用貪輔補救之法。

坤壬乙。巨門從頭出。艮丙辛。位位是破軍。巽辰亥。盡是武曲位。甲癸申。貪狼一路行。又訣子癸並甲申。貪狼一路行。壬卯乙未坤。五位是巨門。乾亥辰巽巳。連戌武曲名。酉辛丑艮丙。天星說破軍。寅午庚丁上。右弼四星臨。本山星作主。番向逐爻行。廉貞歸五位。諸星順逆論。吉凶隨時轉。貪輔不同論。更有先賢訣。空位忌流神。翻向飛臨丙。水口不宜丁。運替星不吉。禍起至滅門。運來星更吉。百福又千禎。衰旺多憑。不權衡也在星水兼星共。鄉妙用許通靈。

救貧単局三元起運圖

天四象宜動不宜靜

地四象宜靜不宜動。

五黃前十年為動寄艮。後十年為靜。

寄坤分陰陽

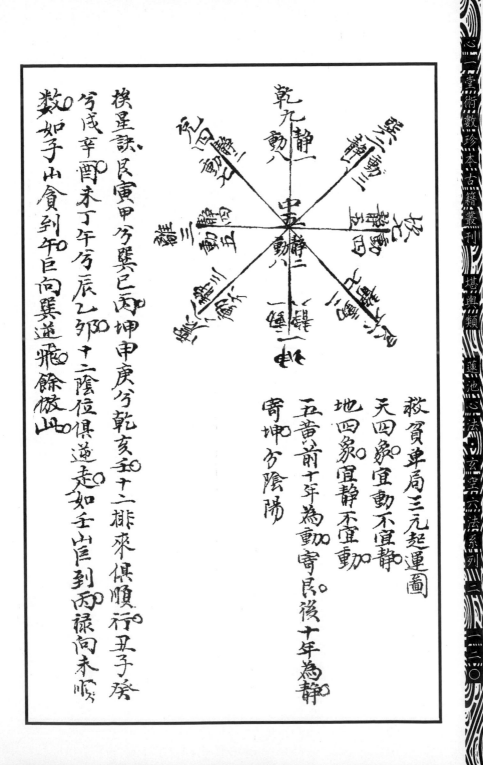

挨星訣艮寅甲兮巽巳丙。坤申庚兮乾亥壬。十二排來俱順行。丑子癸兮戌辛酉。未丁午兮辰乙卯。十二陰位俱逆走。如壬山巨到丙。祿向未。數如子山貪到午。巨向巽逆飛。餘倣此。

壬山起例挨星圖、壬紅字順行。坐星巨門故丙上起巨門即訣云平洋向上起挨星也。二十四山分為八卦。每卦分上中下三元。此壬山丙向即下元之局

庚山起例挨星圖、庚紅字亦順行。坐星祿翻在向上。故甲上起祿順排辰貪丙巨、未祿、庚文廉中、戌武、壬破丑輔。亦下元之局。

子山起例挨星圖、子黑字逆排○坐星貪狼○翻入向上○午上起貪○巽巳、卯祿、艮文、中廉、子武、乾破、酉輔、坤弼○即上元局○

癸山起例挨星圖、癸黑字逆排○坐星亦貪狼○翻入向上丁位起貪○巳巨、乙祿、寅文、中廉、癸武、亥破●辛、輔、申弼○即中元局○

以上四圖挨星○已從平洋翻向上算○餘山順逆做此○以當令之星○飛臨水口○吉

水速發凶○水減吉○可見祿文廉破並非長凶○惟貪狼最吉○不隨年運而轉移○

平洋向上起小龍坐下起山龍見水與平原之沙地亦是向上起若是高山與夫深山雖見遠水總注坐山起至山落平地不見水注坐山起若見水即向上起平洋無論有水無水總注向上起星也

風水総圖三元定例

坤 上元風吉 下元水吉

兌 上元水吉 下元風吉

乾 中元風水俱利 上下兩元不利

離 上元水吉 下元風吉

中 中元風水俱利 上下兩元不利

坎 上元風吉 下元水吉

巽 中元風水俱利 上下兩元不利

震 上元風吉 下元水吉

艮 上元水吉 下元風吉

洛書配合九星圖

上元吉向貪巨祿。中元吉向文廉武。下元吉向破輔弼。星随貼水對宮旋。合得三元三吉位。福來極速禍不沾。能將外水星翻吉。出煞收山指顧間。

風水総訣

上元坤坎震　中元巽中乾　下元兌艮離　此言風吉

上元離艮兌　中元乾中巽　下元震坤坎　此言水吉

上元
甲子　離水甲戌
甲申　艮水甲午
甲辰　兌水甲寅

中元
甲子　乾水甲戌
甲辰　巽水甲寅

下元
甲子　震水甲戌
甲申　坤水甲午
甲辰　坎水甲寅

河洛體元說

河圖有體無象，乃太極之未判。但有縱橫經緯之數，而以先天八卦合其理，則以一六坤艮同其宗。二七乾兌同道。艮附於坤，兌附於乾，為縱為經，為內為天地之中上下相生而成一氣。三八為朋，離震相生。四九為友，坎巽相生。震附於離，巽附於坎，為橫為緯，為外為天地之左右相生而成一氣。各宗其宗，以立四象。此河圖之體之卦元也。若以後天八卦配之。天體動而不息，地體靜而有常。天一生水，則坎先天之神變動矣。地二生火，則乾變為離。其第二數居西，金生水而歸坎位，離變為九而居乾位，坤以立體載物而截四數。此三卦變動者，立天之道也。餘卦不動者，立地之道也。天動而地靜也。以太極生兩儀之象，以數合之，則成十夫婦。民為坎離震巽，居東為陽，逆轉；艮坤兌乾居西為陰，順行。惟坎艮二卦立於下交之者，以分天地山水之本也。坎水東流而歸大海，以立東卦之元；艮山西峙而為西卦之本也。以先天卦配河圖，乾兌得二七火象，坤艮得一六水象，四卦相配，水火相克而相成也。離震得三八木象，坎巽得四九金象，四卦亦金木相克而相成也。

河圖先天卦體

七兌	二乾	九巽
三離		坎四
震八	坤一	艮六

河圖後天卦體

四巽	九離	二坤
三震		兌七
艮八	坎一	乾六

洛書之數配先天乃對待而成合十之夫婦以坤之一合兌之四而成五乾之九合坤之一而成十艮之六合兌之四而成十乾之九合艮之六而成十五此內四卦也以離之三合巽之二而成五坎之七合離之三而成十震之八合巽之二而成十坎之七合震之八而成十五此外四卦也陰合陽為不足其數五陽合陽為有餘其數十五皆非正配合十則為正配夫婦此洛書中卦元也

洛書後天八卦乃離一兌二乾三巽四中五坎六艮七坤八震九流行於八卦之中故離之一加五則為坎之六去五即為離之一巽之四加五則為震之九去五即為巽之四以離之一合巽之四則為五合震之九則為十以坎之六合巽之四則為十合震之九則為十五此四卦皆合五合十合十五而成一家者也為外四宮為東卦也乾之三加五則為坤之八坤之八退五則為乾之三兌之二加五則為艮之七艮之七退五則為兌之二以乾之三合兌之二則為五合艮之七則為十以兌之二合坤之八則為十坤之八合艮之七則為十五此四卦亦合五合十合十五而成一家者也為內四宮為西卦也若東卦與西卦合之則五十數還相合此天然之配合也以先天卦配洛書乾兌得四九金象坤艮得一六水象金水相生而相化也坎巽得二七火象離震得三八木象木火相生而相化也此理甚明何必多支離之說

此離一兌二之數未往攷見不知何所據 據納甲數離納壬兌丁乾甲巽辛四坎癸六艮丙七坤乙八震庚九也以帝出乎震皆洛書後天八卦

洛書先天卦

四兌	九乾	二巽
三離		坎七
震八	坤一	艮六

洛書後天卦

四巽	一離	八坤
九震		兌二
艮七	坎六	乾三

八卦配合

先天言對待體也。後天言流行用也。但以理從先。氣從後。蓋言相穿之法。取先天之理。而運之以後天之方位也。如河圖天一生壬水。必合中五乃得癸水地六成數。地二生丁火。必得合中五乃得丙火天七之成數。天三生甲木。必合中五乃得乙木地八之成數。地四生辛金。必合中五乃得庚金天九之成數。是八干之夫婦相配。皆賴有中五之土爲之媒妁也。先天坎離納於壬癸。中男中女同居於北也。震巽納於庚辛。長男長女同處於西也。乾坤納於甲乙。老父老母同處於東也。艮兌納於丙丁。少男少女同處於南也。但四乾坤東。艮兌南。坎離北。震巽西。皆言河圖自然之配合。所謂四個雌雄也。但如壬一辛四。甲三丁二。俱可合而成五。壬一庚九。丁二乙八。甲三丙七。辛四癸六。俱可合而成十。癸六庚九丙七乙八。俱可合而成十五。此皆得中五之土以爲媒妁。所謂生數成五。成數十相得。有合。陰陽老少剛柔同體。必否自成者也。備用甲乙丙丁四干與庚辛壬癸互配。則未免、存

異姓同居夫婦路遇之嫌矣所以然者乾甲坤乙艮丙兌丁乃老陽老陰所生離壬坎
癸震庚巽辛乃少陽少陰所生其情不相得其氣不相合也是故周書言乾坤
為西四宅震巽坎離為東四宅西不得犯東東不得犯西合則為夫婦為雌雄
交度和氣致祥出卦則為棄偶為夫妻皆合乘氣致殃此先天玄空之旨載於八宅
周書昔賢如邵鄭吳廖楊曾青田心法皆秘而用之而不肯輕洩者也青囊曰
陽用陰朝陽用陰應鄭氏曰卦定天地之自然天玉曰卦內八卦不出位楚材曰四局
瀠洄洄靜端景鸞曰一天星斗運用只在中央乘陽回兩家父母生兒孫多寡不同
論輿語曰雌雄交會合玄空來去由陰陽相見最為難雲陽師曰合卦則吉
出卦凶無着曰坎離逢震巽艮兌合乾坤皆指此也

先天八卦卜非微言

太極動靜陰陽乃生遂有兩儀八卦以成河洛理數同原異名庖犧先天對待
分明九宮四局體用互呈天地定位甲乙鍾靈山澤通氣毓秀西丁雷風相薄瑞
聚庚辛水火既濟壬癸財成少資老育老耕少生陰須陽氣陽須陰精此雌雄交

蔣細從編化醇

撥疑篇

文王八卦，變換天星。認龍立向，此物為憑。雙山三合，出向分針。迎神收水，豁論溺興。豈知造物玄妙，不在羅經。雷電風雨，早為清寧。天地合德，日月合明。聲分類聚。吉山以生，三八歸心，八統四衛，四還歸二。太極以名，一有差離，禍福非輕。

破的篇

山以龍斷，地以水評。龍脈易見，水局難憑。水上龍神，板幹要明。一言以蔽，近水山成。天心十道，點滴真精。坎從午立，離以子名。坎卦之山，忌在丙丁。巽須擇亥。乾以巳清，坤艮互體，切雜寅甲。來亦所忌，過丑堪迎。兌卯震酉，切勿相親。丙宮喜見，甲乙庚辛。進神之一，十個退神。立山定局，是謂元辰。外曜朝拱，迎旺捧生。何峯何水，何局可營。重卦積實，富得配旺丁。四神因果，獲福非輕。若有他理，移局換星。星要合局，水要合情，山要合龍，龍要穴真。之有不合，禍及之了侵。天機玄妙，慎勿姪能。

天心理氣

河洛相加奇耦淨。金輪五兆兩循環。四龍剋換名專一。四局潔澗閉靜歸。八龍神不下水。水裏龍神不上山。來氣挨加無差錯。合明合德建祿庭大中針內乘生氣。三七二八相挨攢。寶與中含真造化。顯明透地與穿山。四神生旺方言吉。流澤得因衣食難。果能洞達直若妙。天地移來掌上看。

剋擇心法

趨擇其時明運氣。生剋制化要精當。神煞不由吊與精。未來吉凶竟先龍運墓運不征伐。天命人功妙用全。帝星太陽壓一白煞。奇門不到亦能然。吉神受制不成福。凶煞乘時福亦災。五個太陽若通會。煞神共助福仰偏。山命七命與墓命。二命元辰要合兼。逐入慎勿相傳授。千金難買一笑歡。

秘傳河圖精義

唐謝塵以道學著結廬四明過雲因號卧雲

唐　卧雲先生著或作方外無極子著

孫也小傳註

繫詞云天一地二天三地四天五地六天七地八天九地十五位相得而各有合天數二十有五地數三十凡天地之數五十有五此所以成變化而行鬼神也

一二三四五為生數六七八九十為成數生數成數各五位何謂相得謂一與四二與三各合成戊土五數一與九二與八三與七四與六各合成己土十數一加五為六二加五為七三加五為八四加五為九六與九七與八各成十五數也此所謂相得而各有合也蓋一與九為太陽四與六為太陰則一四六九雖二老之夫婦而實則坎離震巽庚辛壬癸也二與八為少陰三與七為少陽雖二少之夫婦而實則艮兑乾坤甲乙丙丁也

河圖蠡測三章

河圖中五真精妙合陰陽互根是為太極涵育兩儀四象以立

合東一南一西一北一中一而成五北一則南為二東為三西為四中為五而十五數由此而成矣一四為五二三為五而十數由此成矣

一二三四合五十成六七八九加五十并水火木金一生一成

即中五加五一則成六加二則成七加三則成八加四則成九加五則成十而十數并行矣河圖之中渾然一理是為太極而陰陽互根涵育兩儀四象一二三四之

（數出爲合視之即爲中五分視之則爲一二三四然天地之數以五立極即有中五之一合遇着中五而成六即有中五之二合遇着中五而成七即有中五之三合遇着中五而成八即有中五之四合遇着中五而成九有此一成而中五立極分一二三四五之生數六七八九爲成數也因要有一生一成之數而千萬之數從此出……合者乎）

一一爲一。是爲太陽。二兩二爲四。太陰可詳。二一二爲三。是爲少陽。一二兩一爲二。少陰彰彰。二加以成數。八卦列張。凡數所倚。參天兩地。兩二一三兩三一二（七少陽　八少陰）少剛少柔。從茲而起。三三爲九（九陽）先三二爲六（六陰）老太剛太柔。氣盈數縮。成數三十。中宮十五。統以生數。五十有五（生數即一二三四也）旋天斡地。萬物之紀。明其順逆（太極生陰陽互根）達其終始。無內無外（大含元氣細入無間）理畫於此。右一章

中宮立極。太虛無形。○一二三四。對待縱橫。○○○陰陽互媾。凝合真精。與四耦二與三并（各合爲五）是爲中五。本無定名。四象以序。老少以呈。生數加五。氣質乃成。六七八九。數從此增（即以一二三四生數加於五上而成得數）天然夫婦。萬物化生。一九四六。二老數屬。坎離震巽。配合分明（一爲太陽屬壬離納九爲太陽剛屬庚震納　四爲太陰屬辛巽納六爲太柔屬癸坎納）（一六之水納于坎離　四九之金納于……）三八二七。二少數下。乾坤艮兌。奇偶匀平（二爲少陰屬丁兌納　三爲少陽屬甲乾納）

七為少剛屬丙艮納八為少柔屬乙坤納三八之木寄于乾坤二七之火配于艮兑一四為太陽太陰九六為太剛太柔故云二老二三為少陰少陽七八為少剛少柔故云二少此即所謂先天夫婦而伏羲圓圖八卦從此對待而生至于一與九四與六三與七二與八又各為合十夫婦而內外兩宮名夫婦內外武曲卦從此出

生數加五。生氣叢叢。即一與六二與七三與八四與九所謂生成合成夫婦相遇貪狼是也

生數成數。合十非輕。即一九四六相交為武至三七二八相交為輔弼也

成數十五。元亨利貞。即六與九相逢相為輔弼七與八相配為武至也。又有生數一與一二與二三與三四與四相合成數六與六七與七八與八九與九相合所謂兄弟相剋巨門是也

非是數者。禍敗伶仃。犯罡劫吊煞是也

通其六六妙。鬼神莫測。一與四二與三生數合五離與巽兑與乾是也一四加五為六九二三加五為七八生數變成坎離震巽與艮兑乾坤是也一與九四與六三與七二與八生數合十離震巽坎是與乾艮兑坤是也六與九七與八合成數合十五坎與震艮與坤是也此皆玄空大卦也不舉回數相合者欲人自悟也

右二章

中五運潛。孰主宰是。陰陽動靜。包羅天地。流行無停。循環無始。兩儀者形互根者理。象卦雖具。不可指稱。無極之極。運為真精。儀生匹偶二之文曰生。象生八卦。其數曰成。卦從象出。象以卦名。剛柔相摩。八卦乃形。夫

之言次第分明。一為太陽☰運九成乾。☰居六成兌☱。乾兌相連。四為老陰☷合六成坤。☷居九成艮☶。坤艮相親。二為少陰☳合八成震☳。☲七成離☲。離震同運。三為少陽☴連七成巽☴。☵居八成坎[illegible]偏顛倒摩盪錯綜變化因重所積六十四卦。乾坤艮兌生於二老。震巽坎離生於二少。卦與數殊合成玄妙。

河圖之數一二三四生數也。六七八九成數也。陽之生數起於一。陽之成數至九而極。一與九合。故連九成乾。一六同宗。故居六成兌。陰之生數至四而極。陽之成數起於六。四與六合故合六成坤。四九為友。故居九成艮。陰之生數起於二。陰之成數至八而極。二與八合。故故合八成震。二七同道。故居七成離。陽之生數至三而終。陽之成數起於七。三與七合。故連七成巽。三八為朋。故居八成坎。觀此而乾坤艮兌西四卦震巽坎離東四卦劃然不同可混矣。數則一四六九為坎離震巽所納。位則一四六九為乾坤艮兌所出。數則二七三八為乾坤艮兌所納。位則二七三八為乾坤艮兌坎離震巽所出。則知東四西四內神外神原非判然劃開。要其所以相得而各有合者。其數與卦既各有專屬。則其數與位自應各就其配合者以相求。不可復以他數他卦相入而淆亂之矣。此又葬經天玉等書所未詳未闡之旨。而夫子所以諄諄誨示不啻一而再再而三而惜人之不悟也。

巽辛 坎壬 艮丙
乾甲 坤乙
兌丁 離癸 震庚

天一壬生水地六癸成之地二丁生火天七丙成之
天三甲生木地八乙成之地四辛生金天九庚成之 右三章

發微

庖犧畫易精微六奧闢開太極中分老少天從地轉左旋上升地隨天運柔順下凝乾坤以定尊高以陳貴賤以位動靜以分剛柔以斷吉凶以生巽風坎雨震雷離霆冬寒夏暑日升月恒貞元運會以除彼乘至誠無息博厚高明

圖書之位皆以五居中者凡數之始一陰一陽而已陽之象圓圓者徑一而圍三圍三者以一為一故參其一陽而為三陰之象方方者徑一而圍四圍四者以二為一故兩其一陰而為二三二之合則五矣

先天八卦圖四則解

南是陽方北為陰陸日本東升月由西溯西北山原東南澤國風生西南雷起東北先天圓圖體用備足 右一則

四月之交澤天為夬夬畫純陽雷雨時解乾終午半陰生巽生姤天下為姤陰氣始凝柔穗在水萬物用成初六履霜陰氣用事肅殺戰爭寒氣

之際十月之交。山地為剝。剝極純陰。堅冰氣慄。坤盡子中。陽生震宮。地肖為復。生氣初萌。陽德在火。布禾登麥。甘露滋生。已日乃革。天時地氣。陽否。自北而南。天下常治。自南而北。民生凋敝。靜觀萬物。莫不如是　右二則

坤艮坎巽。圖本順稱。巽坎艮坤。今乃逆行。震離兌乾。圖本自序乾兌離巽震。今翻倒置。乾一兌二。離三震四。一二同心。三四同氣。巽五坎六。艮七坤八。五六同宮。七八同宅。雷動風散。雨潤日晅。陽始陰成。萬物滋生。產艮止兌悅。乾君坤藏。陽始陰受。萬物榮昌。　右三則

首言其理。對待之體。次言其用。流行之氣。終言其數。九疇之紀。鏡往察來順飛逆數。大哉易乎。勿妄傳度。　右四則

先天八卦納甲解

天數始一。帝出東方。一生陽水。壬入離方。東南潔齊。二數至兌。陰火地生丁居兌位。生氣向夏。陽木數三。先天乾卦。甲值正南。西南為巽。四數生金。巽隨辛納。成數收臨。中五布令。六化癸。巽坎宮得癸也。六沂戌。西北艮土。七數為火。北

極八臨乙。當坤五。震宮東北。天九為庚。合十成己。納甲以名。再觀河圖。審其變更。先天定位。周布羅經。一六居下。是為壬癸。體則坎位。用則坎離。二七居上。是為丙丁。向則艮兌。局則離明。三八居左。是為甲乙。水則乾坤。山則震宮。四九居右。是為庚辛。塋則震巽。正則兌金。一雌一雄。一夫一妻。天地父母。從此推移。非大羅仙。莫明其蘊。

後天八卦圖解三則

後天卦位。與先天異。顛倒反覆。未詳何意。先天玄空。形上之理。後天方位。形下之器。器從理生。理隨地寓。神而明之。百慮一致。冬至陽生。卦宜為震。夏至陰生。卦宜為巽。乃置坎離。厥義安存。文王布卦。幽深測妙。蠡測管窺。無非是道。坤畫子半。乾畫午宮。一陰一陽。却住其中。坎離為象。取義甚正。置震於卯。置巽於巳。二長不對。請言其旨。二月驚蟄。雷奮天上。日昌甲卯。陽生大壯。四月初夏。純乾之卦。時當生育。老陽何職。乾有長女。為震厥妃。雷風相薄。耽長仁一成。丑寅之交。二陽漸舒。宜兌而艮。此義何居。艮德為信。歲功所止。又為少男。雜

幼齡。泰運相交。春氣方始。兌乃置酉。與乾坤居。父母鍾愛。抱育其孫。扶植老門

代終。母儀未申。陰長宜艮。而坤雖均陰土。易置何必。吾聞地勢。西南為艮卜

少子。相對相親。老陰少育。土旺生育。坤本絕陰。十月之卦。今離晉乾義。更叱咤。蓋陽

君父。而陰臣子。陰疑於陽。勢必放弑。無主乃亂。稱天以治。陰盛必戰。肅殺用事。干

戈相尋。七雄五季。豈知其人。生於潛邸。故稱乾焉。扶陽之義。小陽小春。皆是此

意。微乎玄哉。不可思議。　右一則

時始於春。人生於寅。盛德在木。甲乙司辰。帝出於震。碧綠鮮新。龍雷鼓勢。震

巽施仁。東方之卦。二長遞輪。旺木生火。南離秉令。巳午丙丁。炎威赫赫。百昌華茂。

相土攝政。西南致養。性命長各正。坤為大母。火洩金星。涼風解暑。心宿西行。露寒霜

皙。稼穡乃登。太白用事。肅殺戰爭。兌乾相嗣。金旺生水。玄冥之宅。虫蟄冰堅。離火

不烈。浩蕩無別。涸於傾洩。何以畜之。非土不尅。尅水龍生木。得土乃植。成始成終。

終歸土德。如環不息。造化自然。自然白道。理玄卦立。　右二則

先明卦象。次言卦氣。一體一用。互相表裏。其克不剋。其生不生。或對或否。顛倒莫

名闔天闢地孰神而明翻天翻地孰默而成參通河洛幽贊神靈　右三則

三元運會

每陽爻九年陰爻六年計陽爻十二共得一百零八年陰爻十二共成七十二年合

成三元一百八十年之數

坎上元甲子至甲申二十一年
坤上元乙酉至壬寅十八年
震上元癸卯至癸亥二十一年
巽中元甲子至丁亥二十四年
乾中元戊子至甲寅二十七年
兑下元乙卯至戊寅二十四年
艮下元己卯至己亥二十一年
離下元庚子至癸亥二十四年

離上元甲子至丁亥二十四年
艮上元戊子至戊申二十一年
兑上元己酉至中元壬申二十四年
乾中元癸酉至己亥二十七年
巽中元庚子至癸亥二十四年
震下元甲子至甲申二十一年
坤下元乙酉至壬寅十八年
坎下元癸卯至癸亥二十一年

元龍配合上元運主一二三中元四六下元七八九〇康熙二十三年甲子上元甲〻

乾隆九年中元甲子

玄空大卦真訣歌

玄空大卦定雌雄，天下諸書對不同。法心留得楊曾訣，為吾識開愚蒙。
一上廉貞初破軍。二三文至中祿存。祿變貪狼不變巨。上武初二是輔星。

其法用左掌四指將貪廉武文祿巨破輔八字依此一上一下輪之邊起邊止中起中止知乾從坤起貪坎廉兌武震文離祿乾巨巽破艮輔餘倒類推

翻卦圖

兌 震
坤 坎
巽 艮
離 乾

九星斷吉凶歌

貪旺丁財出大魁，神童顯官亦同推，巨發人丁更發財，醇良樸茂堪栽培，數見祿存孤寡出，喪亡傾家兼癡拙，文曲虛偽游蕩子，嫖賭退敗輕薄習，廉貞喪敗最為凶，火盜瘟瘴件件逢，背義忘恩人惡陋，卦名墓絕五黃宮，武曲原來號父母，登科及第壽彭祖，清高賢達皆出奇，顯官丁財代錫嘏，破軍七赤為驚門，無賴強梁不達文，竊盜軍流刑敗出，體虧聾啞絕無聞，卦屬子孫輔弼宮，妃嬪駙馬歸增榮，出入孝友慈祥德，好義明經家道興豆，此是玄空真妙訣，當向先天究其義，更兼三元尋九宮，斷人禍福

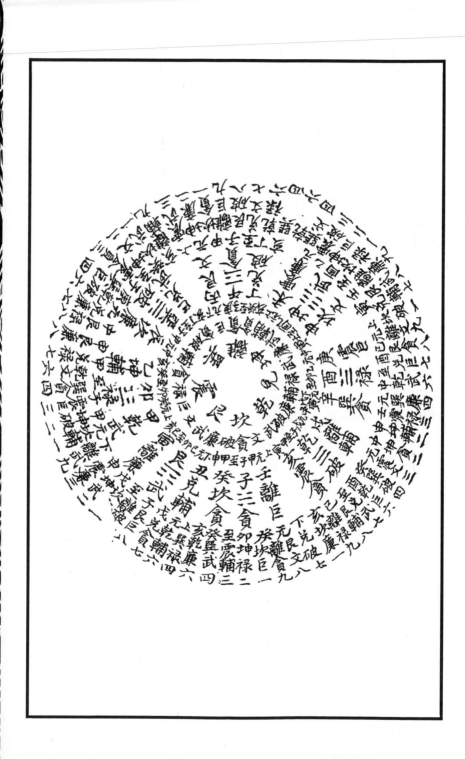

水龍穴法

江湖只看脉為先龍短誰知水底眠尋地体嫌脉氣縮文星偏向碧波宁
舟逐浪頭閒點孤鶩沉江角上拌如逢满月中心取玉尺要平两尾粘鯉躍龍
門通造化穴居目口是仙傳荷葉蓮花心裏覓如卵似繭眼中穿穴法隨
巔陰處是羅城地水侵福綿綿收生出煞向取中取元澤沾濡出狀元夫婦引
龍節節來安坟立宅任君裁穴僊合得龍來路富貴何愁事不諧

鑑向水法

鑑向全憑流水分要知得失穿尋論流來流去明凶吉照見官骸存不存
貪狼臨位水無災紫草生從脚下來兩臉紅顏猶在尚在君榮封是斬新栽
文曲星神事若何流來棺槨水生多更主其中泥土聚應知白蟻結成窠
巨門乾淨起屍塵穴內祥烟瑞氣新因此兒孫多富貴出人清秀更超羣
廉貞水朝虫蟻多鼯鼠穿瑩自作窩屍骨損來多黑爛家房子孫受痔波
破軍臨位不堪言穴下木根繞槨纏又主兩頭虫蟻聚屍骸棺木兩難全

祿存若見水沖來吹擲翻棺最可哀不信請君開穴看此中泥水主生泥
貪狼長子巨門中武曲原來小子隆文敗中房祿敗小廉貞長子破軍同
貪生五子巨三郎武曲須知四子強獨火廉貞兒二個破軍絕命波兒郎六殺文曲
半個子祿存殘疾守孤孀

元機賦

大哉居乎。成敗所繫。微哉葬也。興廢攸關。氣口司一宅之樞。龍穴樂三吉之輔。陰陽雖分四路。宗枝只有兩家。數列五行。體用恩仇始見。星分九曜。吉凶悔吝乃彰。宅元不可損傷。用神最宜健旺。值難不傷。只因難歸閒地。逢恩不發。祇緣恩落仇宮。一貴當權。羣邪咸服。衆凶剋主。獨力難支。火炎土燥。南離何益於艮坤。水冷金寒。坎癸不滋乎乾兌。然四卦之互交。固取生旺。而入官之締合。自有假真。地天為泰。老陰之土生老陽。若坤配兌女。庶妾難投寡母之歡心。澤山為咸。少男之情屬少女。若艮配純陽。鰥夫豈有發生之機。乾兌托假鄰之誼。艮坤通偶爾之情。雙木成林。雷風相薄。中爻得配

火方兌木為火神之本水為木炁之源巽陰就離風散而火易息震陽生
雷奮而火尤明震與坎為作交離與巽為鬱合坎無生氣得巽木而附[illegible]
歡乾為元神用兑金為傍城借主風行地上決定傷脾火照澤天必當吐血
水兼乾戌莊生難免鼓盆流離未坤買臣常遭婦賤艮非宜也筋傷股折兌
不利也唇亡齒寒坎宮缺陷而墮胎離位嶢岩而損目輔臨丁丙位列朝班
巨入艮坤田連阡陌名揚科第貪狼星在巽辛職司專閫武曲峯當震庚
乾首坤腹八卦推詳癸足丁心十干類取暑泄河圖秘與實為天地元機
此篇亦幕講手作以補元空秘旨之不足與天玉諸書隱相符合時師
不識卦理胡猜亂摸那知與老八宅乾六天五禍絕延生一訣作用雖殊
其義一也今人用八宅而無應驗者不識宅之用神故也而扦葬則以此
法置之不論矣豈知天地無二理陰陽無兩途大游年用於陽宅元空
大卦用於陰地以之判斷吉凶靈如桴鼓若不識用神亦徒勞無益
按斷驗小術有撥砂斷覆坎經透山光陽山照望宅斷搜鬼經都天斷鬼靈經恰屬
羅猴[illegible]

八宮卦序歌

乾為天　澤天夬　火天大有　雷天大壯　風天小畜　水天需　山天大畜　地天泰

天澤履　兌為澤　火澤睽　雷澤歸妹　風澤中孚　水澤節　山澤損

地澤臨　天火同人　澤火革　離為火　雷火豐　風火家人　水火既濟

山火賁　地火明夷　天雷无妄　澤雷隨　火雷噬嗑　震為雷　風雷益

水雷屯　山雷頤　地雷復　天風姤　澤風大過　火風鼎　雷風恒

巽為風　水風井　山風蠱　地風升　天水訟　澤水困　火水未濟

雷水解　風水渙　坎為水　山水蒙　地水師　天山遯　澤山咸

火山旅　雷山小過　風山漸　水山蹇　艮為山　地山謙　天地否

澤地萃　火地晉　雷地豫　風地觀　水地比　山地剝　坤為地

大山出脉分三訣崔止齋曰曲來何脉看水神曲處屬何卦路直去何脉看水神直處屬何卦路正坐一脉正坐一卦也偏左一脉偏左又一卦也偏右一脉偏右又一卦也然非一水有五卦可收五穴の下也合他水與龍神細細推詳而天盤穴法既得天盤之水法自見矣

朱爾謨曰有水隨山而行者亦有山隨水而行者先賢所謂氣能生水而積水亦能生氣是以天盤青囊有取乎水中之陽也蔣子泥山嶽出水之說何以解海中諸山

邵子曰天根月窟常來往三十六宮都是春凡乾一兑二離三震四巽五坎六艮七坤八總得三十六數震坎艮卦中之陽爻為天根巽離兑卦中之陰爻為月窟

徐藍衣曰辨正中古書四卷可作一卷讀青囊經具綱領論陰陽五行八卦之氣寓之於地來之自天曾序奧語分條目陰陽五行八卦之氣方位既定衰旺斯判天玉寶照互相發明天玉經大處落墨發明剪裁通變諸法之意多寶照經近處搜剔發明收山出煞諸訣之意盡編書次第為宜細讀

方圓圖合看而一

圓圖之內三爻方圖之外三爻八宮配成泰損既益恒未咸否八卦圖中之黑字是也圓圖之外

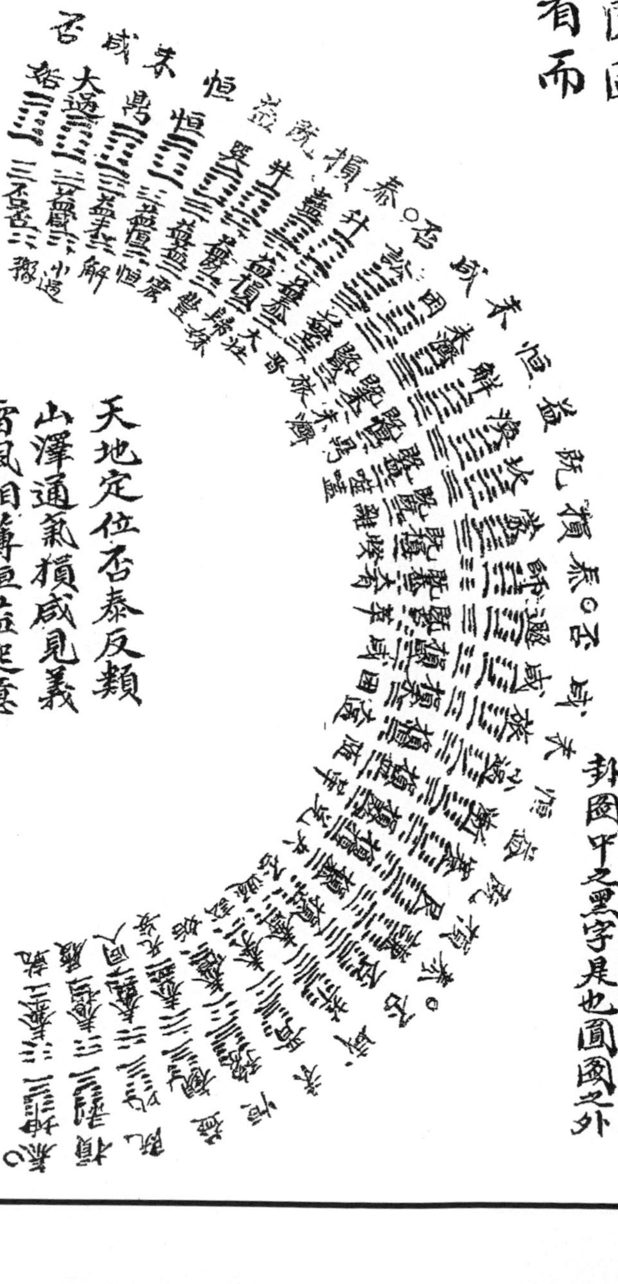

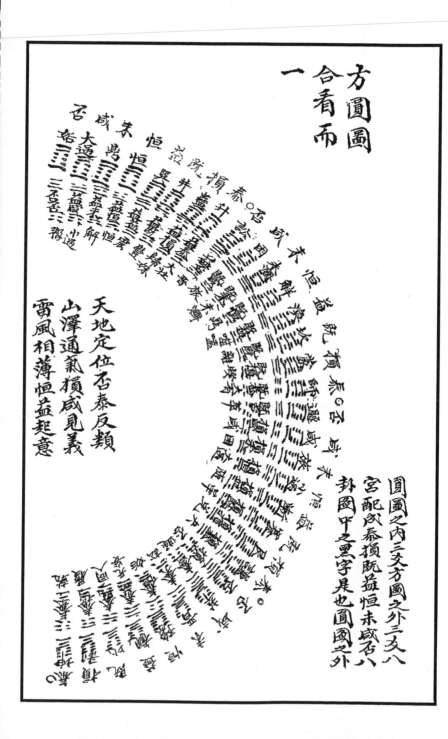

天地定位否泰反類
山澤通氣損咸見義
雷風相薄恒益起意

九
之父母
卦見爲

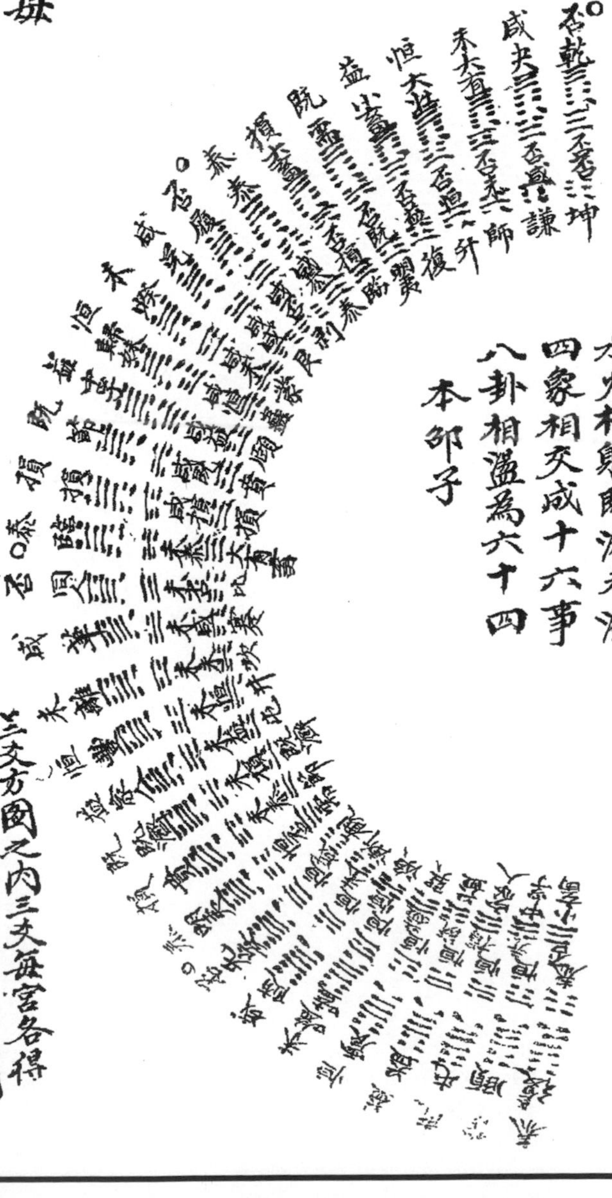

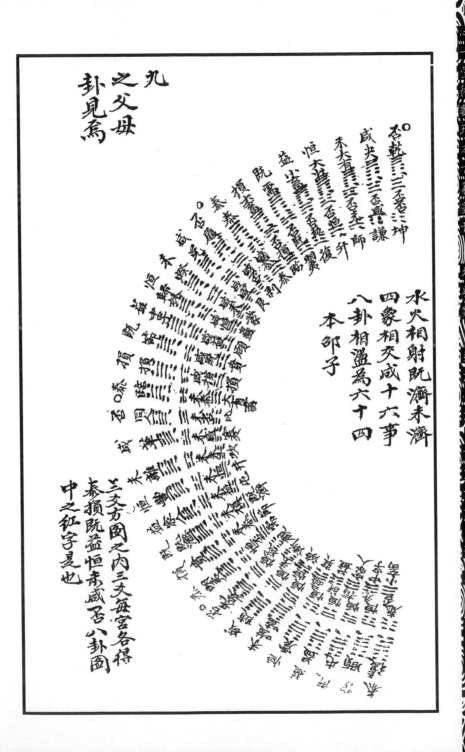

水火相射既濟未濟
四象相交成十六事
八卦相盪爲六十四
本邵子

三爻方圖之内三爻每宮各得
泰損既益恒未咸否八卦圖
中之紅字是也

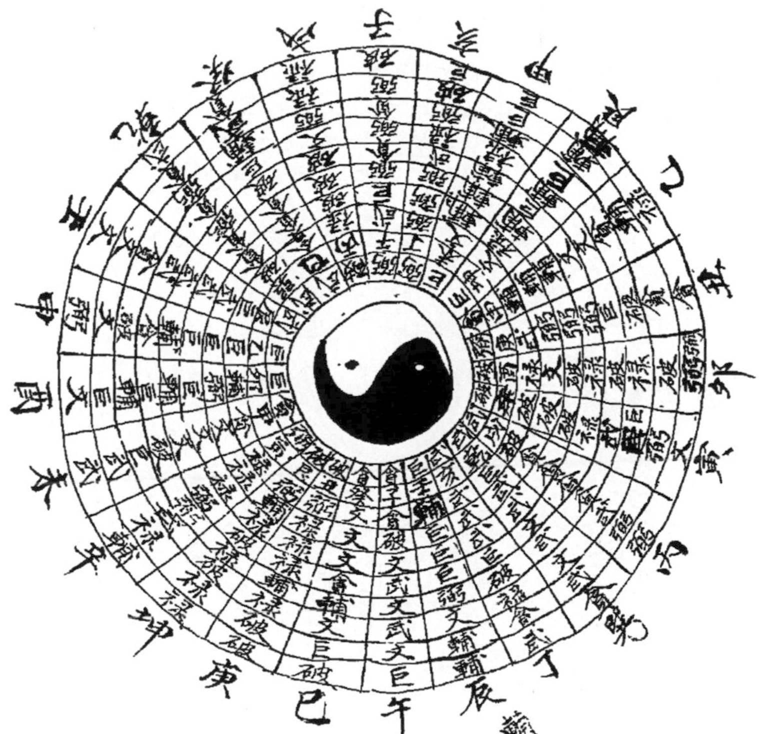

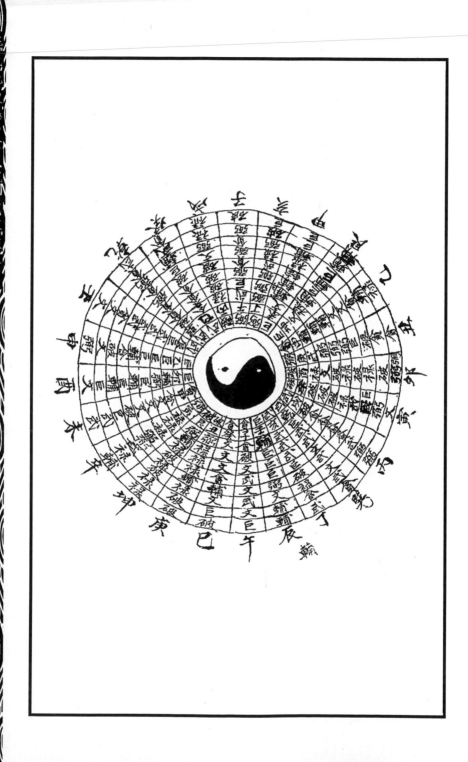

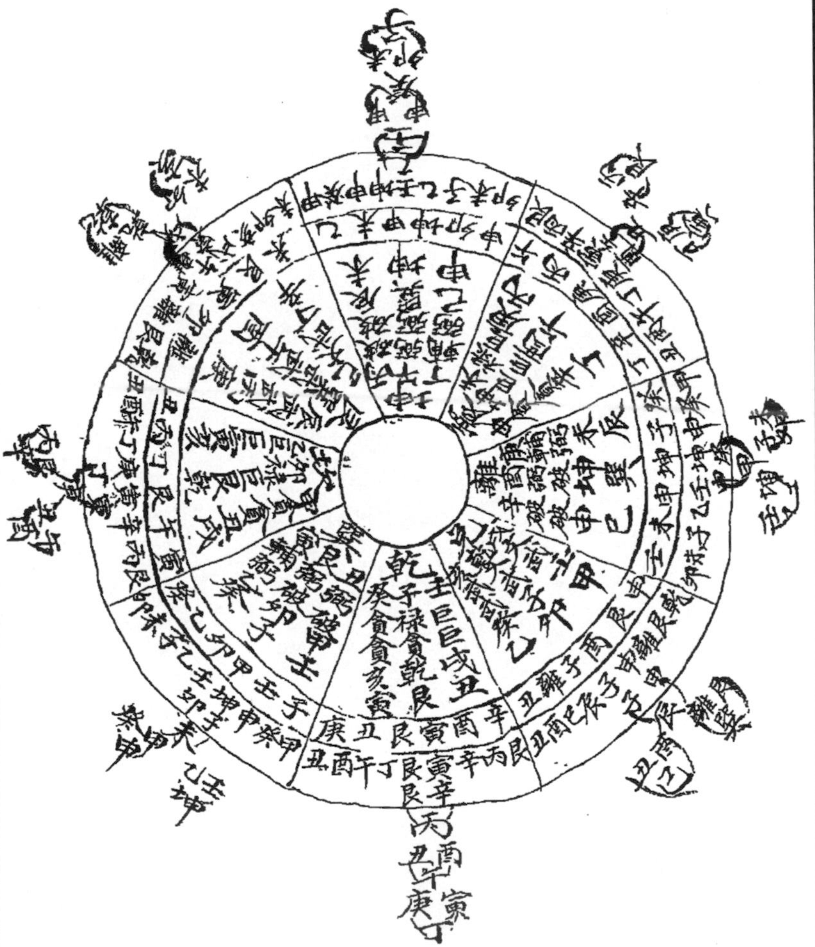

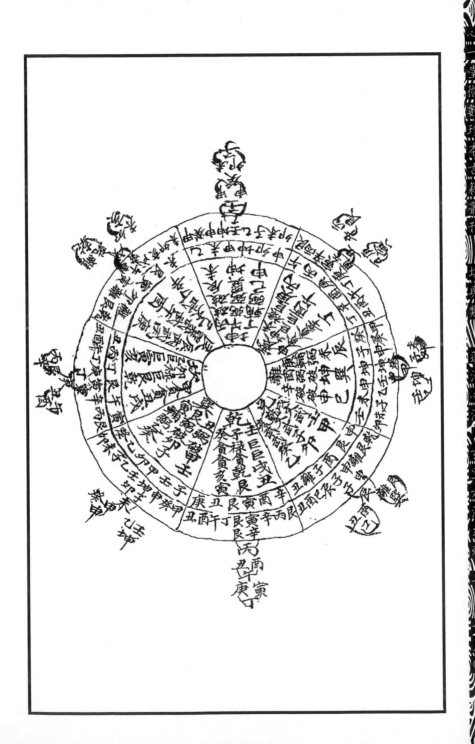

大衍說

天数二十有五。扐一以為體。而二十四氣備。地数三十。去六以為用。而二十四氣全。是用河圖之一六。即後天坎也。

大衍数

以子為例。自子順起輪至巳位。積成三十。又自子逆轉。輪亦至巳位。積成二十。合為大衍之数五十。故古人男必三十而娶。女必二十而嫁也。

坎離說

離屬火。外陽而內陰。乾之外三爻壬配之。壬亦屬火。坎屬水。外陰而內陽。坤之外三爻癸配之。癸亦屬水。

風水說

風為陽中之陰。水為陰中之陽。故有風輪水輪。隨運流轉。旋斗歷箕。

迴度五常○太乙太乙○起伏循環交媾無已○化育生焉○假如當今八白運艮○自艮順數○輪至坤坤藏五土○而復自坤逆六順數起至艮本立數是五十生成○合大衍之數○坤宜水而艮宜風矣○

⑤旺用
六坤　兌七　乾⑧合
四離　　　　坎九
三巽　二震　艮⑩本運

旺用說

天運循環○與時俱行○非板而活○假如坎宅當今八運○坐下旺用在震○向上旺用在兌○

一離六　坤四
二巽七　三兌⑧向上旺　二乾七
三震⑧坐下旺　一坎六
艮四

乾在八運內立坎宅有三八水及峯則妙其輪法之順逆從生成數

取用訣

用以三合非僞以真子用甲子辰癸用巳酉丑丑用巳酉丑丑寄艮寅用寅午戌甲用寅午戌卯用亥卯未乙用申子辰辰用申子辰辰寄巽巳用巳酉丑丙用巳酉丑午用寅午戌丁用亥卯未未用亥卯未未寄坤申用申子辰庚用申子辰酉用巳酉丑辛用寅用午戌戌用寅午戌戌寄乾亥用亥卯未壬用亥卯未

立穴法

龍之行處○穴之止處○山不外向○水不斜飛○穴情有暈○名曰太極○上圓下尖○天心十道○隱隱窟突○氣止水交○是謂真穴○微微隆脊○八字水分○是謂真脉○有影無形○上濃下瑕○是謂真砂○有形無形○旁分前合○毬簷界合○開睜展翅○生氣團聚○外氣橫行○外氣之橫○真水交會

真氣。外接真水。左右前後。護纏羅城。面面朝拱（皆處處有情）。朝無傾側。界無斜飛。出

來龍朝案。對定天心。急處求緩。緩處求急。吞吐浮沉。憑媒作像。倉門好

陽至吞至空。造化自然在吾掌中。

先天貴人圖說

貴人晝順行。夜逆行。不坐辰戌。牢獄之地。各取喜其合處。不喜刑害之方。如晝貴甲從子起。為諸干之首。且貴人之前。不敢有對沖坐者。故午上無寄干。癸無所處。特寄在別宮。故晝寄丑宮。夜寄未宮。今因干係晝。外干係夜。互相取合。晝其晝貴。夜貴倣此。其說甚是。而今不用。

晝貴順行。甲從子起。甲子 甲與己合。故乙己（鼠）猴鄉。乙丑 乙與庚合。故甲戊庚（牛）羊。

丙寅丙與辛合。故六辛逢馬(申)。丁卯丁與壬合。故六壬癸(兔)(蛇)藏。戊辰戊與癸合。而辰為天罡。貴人不居。故越一位。為壬癸兔蛇藏也。夜貴逆行甲從申起。甲與己合。故戊己鼠(猴)鄉。己丑己與庚合。故甲戊庚牛(羊)。丙寅丙與辛合。故六辛逢(馬)(虎)。丁卯丁與壬合。故壬癸兔(蛇)藏。戊辰戊與癸合。而貴不入天罡。故越一位。為壬癸兔蛇藏也。此所謂六合餘氣也。

土化

[illegible]

己甲都天乙貴人。乙丙丁都三奇。三奇出於貴人。天干德遊行十二支。陽貴順起於

[illegible]

天德圖

考定陰陽貴人。甲丑未 乙子申 丙亥酉 丁亥酉 戊丑未 己子申 庚丑未 辛午寅 壬巳卯 癸巳卯

先天坤卦子位。陰貴起於後天坤卦申位。取坤都貴中自理也。

此陰陽真交媾。日月真黃道也。箇中細細於子午。沐浴於卯酉。而斗罡運轉。三五一家。黃婆報信。兩家有意。兩家有意。黃婆報信。妙哉妙哉。